NIE
社会福祉
演習

松井 圭三・今井 慶宗 編著

大学教育出版

はしがき

NIEという言葉をご存知でしょうか。NIEとは、Newspaper in Educationの略です。アルファベットの音通り　エヌ・アイ・イー　と読みます。教育機関（学校）で新聞を教材として活用することを意味します。日本でも多くの小・中・高等学校で実践されているほか、近年では大学・短期大学・専門学校でも広がりを見せています。

皆さんは新聞にどのような印象を持っていますか。新聞は難しいものと思っている人もいるかもしれません。若者の新聞離れが指摘されて久しいです。しかし、新聞の紙面には政治・経済だけではなく社会や文化、科学やエンターテイメントまであらゆる分野の記事が載っています。とても読みごたえのある楽しいものです。新聞をこれまであまり読んだことのない人は、新聞の形式に慣れることが第一歩です。新聞がどのような構成になっているかをつかみ、実際の新聞記事を使って学びましょう。

本書は、読者の皆さんに、読む力とともに書く力をつけていただきたいという願いから企画しました。一般の社会福祉概論の教科書とはややタイプが異なります。新聞を活用したワークブック、その中でも社会福祉概論のワークブック教材は私たちが以前刊行した『社会福祉記事ワークブック』以外にはあまり見当たらないようです。私たちはこれまで『社会福祉記事ワークブック』『NIE 児童家庭福祉演習』『NIE 家庭支援論演習』『NIE 介護の基本演習』『NIE 社会的養護Ⅰ・Ⅱ演習』を刊行しました。このワークブックはその第６弾です。以前刊行しました『社会福祉記事ワークブック』の構成・内容を見直し、新しい内容も取り入れました。新聞記事を読み、言葉を調べ、感想を書き、解説で学びを深めるという一連の流れをとっています。社会福祉に関連する言葉や制度を調べたり記事を読んでの感想を書くなど、自分自身で課題に取り組みましょう。

社会福祉士・保育士などの国家資格を取得するときは、実習日誌の記入等多くの場面で文を記入します。無事に資格を取得して仕事に就いた後もケース記録や連絡帳等で文章を書くことがたくさんあります。実習や仕事のほかにも、文章を読み解き、まとめ、自分の力で発信する力は社会のいろいろな場面において必要とされます。

今も社会福祉は大きな変化が続いています。最近でも、2020（令和２）年に「地域共生社会の実現のための社会福祉法等の一部を改正する法律」が成立し、翌年2021（令和３）年から大部分が施行されました。このワークブックで学び終えた後もいつも新聞記事に関心を持ち、新しい社会的養護の知識を得るべく、勉強を続けてもらうことを願っています。

各章はそれぞれの分野の専門の先生が、わかりやすく丁寧に展開しています。難しい言葉も段々と理解できるでしょう。みなさん、あせらず確実に取り組んでいきましょう。

大学教育出版の佐藤社長、編集の社さん、山陽新聞社読者局長の太田氏にいろいろとお世話になりました。この紙面を借りて感謝申し上げます。

2023（令和５）年４月

松井圭三・今井慶宗

このワークブックの利用方法（使い方）

このワークブックは概ね　①新聞記事　②言葉を調べてみましょう　③記事を読んでの感想を書いてみましょう　④解説という構成になっています。

皆さんが教室で先生から指導を受けながら学ばれることもあるでしょう。自学自習される方もあるかもしれません。使い方はもちろん自由です。

ここでは、次のような利用方法で学習されると取り組みやすいのではないかと私たち編著者が考えたものをお示しします。ぜひ参考にしてみて下さい。

1　新聞記事をよく読みましょう。難しい言葉・知らない単語はそこに線を引っ張っておくとよいでしょう。新聞記事の読み方にも慣れましょう。

2　設問に沿って、言葉を調べたり、考えてみましょう。調べたり、考えたりする言葉等はいくつかあります。教科書や辞典・インターネットでも調べましょう。言葉同士の関連性にも注意しましょう。

3　記事を読んでの感想を書きましょう。記事を読んでの素直な気持ち、自分ならばどう取り組むか、考えたことなどを自由に書きましょう。

4　解説では、新聞記事の内容や関連することについてそれぞれの分野の専門の先生が分かりやすく説明しています。よく読んで理解しましょう。自分で調べてよく分からなかった言葉等は、ここで学んで書き足しましょう。

どの章から始めても構いません。知っている分野があれば取り組みやすいでしょう。自分が気になる記事があればぜひそこから読んでみて下さい。手も動かしてしっかり書き込みましょう。

目　次

第1章　NIE と社会福祉

記　事

窓

前文（リード）

主見出し

母の笑顔と介護する自分

高齢者問題取材する
岡山の野田さん

脇見出し

アルツハイマーの生活記録、公開へ

岡山市西大寺東のフリーライター野田明宏さん(四七)が今夏、アルツハイマー病と診断された母との暮らしの記録を始め、年内にもホームページで公開する。「今ある母の笑顔を残したい」との思いとともに、高齢者・介護問題を追う取材者として「客観視する自分もつくっておきたい」と言う野田さんの〝日常〟を訪ねた。（太田隆之）

野田さんは一人息子。吉井川近くの借家で母の和子さん(七七)と二人で暮らす。「あなたは親切な人」と他人扱いする和子さんを、野田さんも友達のように「和ちゃん」と呼ぶ。

和子さんに合わせ、午後九時過ぎに就寝し、午前五時起床。朝食はみそ汁をつくるが、和子さんができるのは野菜くずの処理ぐらい。炊飯器も使えない。風呂では和子さんの全身を洗うのが日課だ。

和子さんが中・後期のアルツハイマー病と診断されたのは七月末。二年前、冷蔵庫に包丁が入っていた時に「おかしい」とは思っていた。「四十年間、経理の仕事をし、りんとしていた母がアルツハイマーとは認めたくないというのがあったのかも。病気に周りが気づくのは発症二年後ぐらいと取材で聞いていたが、その通りになった」と振り返る。

大学卒業後、中近東や中米で政治・経済などをルポしていた野田さんは十一年前、父の病気を機に帰郷。三年間、母と介護したが、痴ほう症を併発した父が言うことを聞かず、介護疲れで思わず平手打ちしたことがあった。父の死後、その苦い思いを胸に介護現場を取材し、「介護する人々」などの著書がある。

熱帯夜が続いた今夏、熱睡する和子さんの傍らで、野田さんは眠れなかった。「再び、介護が取材対象から自分の生活そのものに戻ると、父の時の二の舞はしまいと心に誓ったのに『ええかげんにせえ』などと言葉の暴力が出始めている自分がいる」

病気と診断された日から撮り始めた和子さんの写真は四百枚を超えた。今後、デイサービスに通う様子などを交え、「和ちゃんと一緒に」のタイトルで日記風にホームページで公開する。

「今、少女のように純粋な心で笑顔を見せる母がどう壊れるか分からない。はいかいや失禁が始まると介護はもっと大変。孝行息子だけでは〝臨界点〟に来るのが早いだろうから、介護する自分を客観視しておかないと怖いというのが本音かな」。将来を悲観しがちな介護現場で、かつての甲子園球児は「伸び伸びアルツハイマー」を目指している。

①

見出し

「孝行息子だけでなく、客観的に」

②

Ⓟ
（写真）

Ⓟ説
（写真説明）

息子として、ライターとしてアルツハイマー病の母との暮らしを〝記録〟する野田さん

③

出典：2002 年 9 月 15 日山陽新聞朝刊

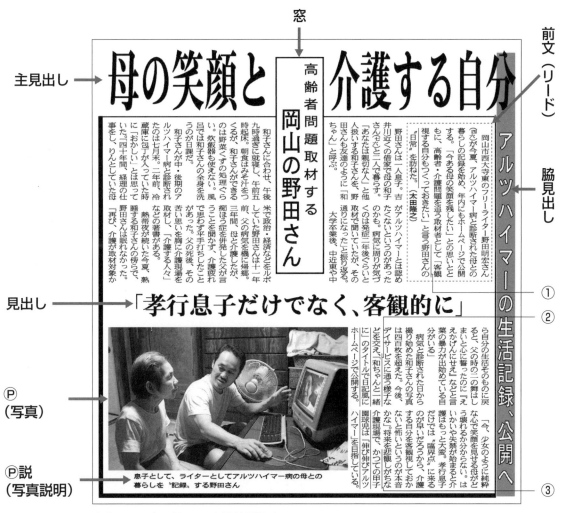

1．記事を読みだす前に、見出しと写真が目に入ると思います。４パーツ（主見出し・脇見出し・見出し・窓）に分かれた複合的な見出し、写真に写っている人物の表情や部屋の様子から、どのようなことが記事で書かれているか、想像してみたことを自由に書いてみてください。

2．前文の中に「野田さんの“日常”を訪ねた」①とあります。ルポ記事という記事の書き方で、読者にも記者と一緒に現場に行って見聞きし、考えてほしいという記者の思いが込められています。記事全体を読んで、在宅介護の現場について率直な感想を書いてください。

3．「インターネット」という言葉が新語・流行語大賞のトップ10に選出されたのは1995（平成７）年のことでした。2003（平成15）年頃から月額１万円程度でインターネットに常時接続できるようになり、一気に一般に普及して、今のネット状況があります。私的なアルツハイマーの生活記録を「『和《かず》ちゃんと一緒に』のタイトルで日記風にホームページで公開する」②ことができたのもネット時代が到来したからでした。この試みが先進的、画期的であった点はどこにあると考えますか？

4．記事は「かつての甲子園球児は『伸び伸びアルツハイマー』を目指している」③と結んでいます。「伸び伸びアルツハイマー」とは、どういう在宅介護をイメージしての言葉だったと思いますか？ その後の福祉施策や制度充実を交え、理想とする在宅福祉のイメージを具体的に書いてください。

5．今も在宅介護を取り巻く厳しい現実があります。親子での介護や「老々介護」の果ての殺傷事件や無理心中を図るケースも少なくありません。青少年が兄弟姉妹や親の世話に追われる「ヤングケアラー」の実態も見過ごせない問題です。在宅介護について、課題とその解決への方策について考えをまとめてみてください。

6. 解　説

（1） 日々新聞をめくりながら「社会福祉」について探求する

「社会福祉」という4文字の言葉は一般的に使われる言葉ですが、改めて、その意味するところを問われると、なかなか的確に答えられないことに気づくのではないでしょうか。ある大学の社会福祉専攻のホームページでは「『社会福祉』はとても深い言葉で、それが何かを簡単に説明することができません」と断ったうえで、担当の教職員が各人各様に「社会福祉とは何か」を表現した文やメッセージを連ねています。

辞書による解説も一様ではありません。WEB辞典「ニッポニカ」（日本大百科全書）では「社会福祉は多義的な概念である」としたうえで、こう記してあります。「日本における一般的な用語法によれば、それは、基本的には次の2つの意味のいずれかで使われている。①社会成員の幸福な状態。それは、現実にはまだ実現していないものであり、したがって、目標や理想として追求するべきものであるとされることが多い。②社会成員の幸福な状態をもたらすための制度、政策、実践など。①を目標概念、②を手段、方法を表す実体概念ということもある」。

使用した記事は2002（平成14）年9月15日付の掲載で、写真に写っているパソコンは、あまり見かけなくなったブラウン管テレビのようなモニターです。なぜ、そんな古い記事を設問用に採り上げたかというと、今では当然のように「社会福祉」の範疇にあることも、過去からの変遷や積み重ねの結果であることを知ってほしいからです。この記事は、読者に強く訴える深い内容があるという判断で、テレビ欄をめくると直ぐに出てくる「社会面」のトップ記事で、「箱組み」の大型記事として掲載されました。一般記事とは異なり、記事内容のポイントを先に伝える前文（リード）と本文で構成され、見出しも読者にインパクトがあるように複合的な形体です。

テレビ報道のように映像や音声はなく、通常は文章と写真1枚で記事を構成する新聞記者の場合、「行間で伝えろ！」という先輩記者から新人記者への伝統的な指導文句があります。もちろん、実際には行間に書くことはできません。「行間で伝えろ」という言葉の意味するところは、読者に記事に書かれていないことも想起してもらえるような記事を書くように心掛けろという指導です。

この記事の場合、「主見出し」「脇見出し」「見出し」「窓」という4本の見出しとともに紙面構成されています。読む人の情感に訴え、記事の内容を我が事として、いろいろな思いや考えを巡らせてほしいという意図が込められているわけです。研究テーマや課題研究のためには、書籍やインターネット情報で「直球」的な探索が効率的かつ有用でしょうが、「社会福祉」という多義的な概念の探求のためには、日々新聞をめくることで、偶然の事象や概念との出会いによる探求や気づきも大切なことだと思います。

（2） 全国の介護現場を取材するフォトライターに

2002（平成14）年の記事が掲載された時に46歳だった野田明宏さんが66歳になって、2022（令和4）年2月25日付の山陽新聞にカメラを手にした姿で登場しています。それは、認知症の母を在宅介護した経験をもとにフォトライターとして全国の介護現場を撮り続け、初の個展を岡山市内のギャラリーで開催するという記事でした。

写真展のタイトルは「オレが覗《のぞ》いて来た介護最前線　生老病死」。風呂場で食事介助を受ける男性の写真には、浴槽の縁に数種類のおかずが並んでいます。不思議な光景ですが、男性は風呂場に行くと意識がはっきりするため、在宅介護の中で家族が編み出したスタイルなのだそうです。鼻にチューブを挿入され涙を流す女性の横顔、夜中にお年寄りをトイレに連れて行く施設職員…。現場のリアルが野田さんの写真作品を通じて浮かび上がり、亡くなった人の身体を洗う「湯《ゆ》灌《かん》」の場面もありました。

これまで「介護の生々しさを追求してきた」という野田さんでしたが、近年は写真に少し変化が生まれたそうです。介護の中に家族が見える写真も撮影するようになり、実際に施設職員の子どもと過ごすお年寄りのカットは家族の日常のようです。「自分には両親も妻子もいないので憧れもある。今後は周囲も含めてより深い作品を撮りたい」と野田さんは言います。

野田さんが岡山市内の自宅で10年近く在宅介護した母親は2012（平成24）年に亡くなりました。その間、2005（平成17）年から2010（平成22）年まで山陽新聞に連載した体験記は延べ200回。その実体験は『アルツハイマーの母をよろしく』『アルツハイマー在宅介護最前線』『アルツハイマーのお袋との800日』『在宅介護支援センター物語』などの単行本となり、今も福祉関係の雑誌などへの記事や写真の寄稿を続けています。

（3） 日々の報道がジャーナリズムの本質

私が作家立花隆氏（1940（昭和15）～2021（令和3）年）の「新聞力」についての講演を2006（平成18）年に聴講した際、立花さんは以下の6つの力を新聞のパワーの源泉として提示しました。

① ニュース・ギャザリング力＝取材力
② （取捨選択＝編集力）＋（重み付け＝評価力）
③ 一覧性紙面の制作能力＝整理力
④ 何が起きても、すぐに解説できる人材システムを持つ＝解説力
⑤ オピニオン形成力＝論説力
⑥ 優れた一覧性紙面＝情報伝達力の大きさ

そして「いろんなメディアが登場し、新聞の力が埋没しがちだが、埋没しそうになりながらも、なお新聞が大きな力を持っているのは、これらの機能を持っているため。速報能力は新聞のものではなくなったが、他の追随を許さないのが④と⑤だ」と指摘していました。

その後の社会状況の変化とIT技術の進展で、新聞を取り巻く状況はさらに大きく様変わりしています。しかし「日々の活動（journal）」がジャーナリズム（journalism）の本質であり、そして毎日の途切れない取材・報道活動がジャーナリズムの基であり、特に、各地域をエリアとする地方紙が地域にとってかけがえのないものとしての存在理由は、そこにあると私は考えています。

NIE（Newspaper in Education）は、学校などで新聞を教材として活用する活動で、1930年代にアメリカで始まりました。日本では1985（昭和60）年の新聞大会で提唱され、教育界と新聞界が協力し、社会性豊かな青少年の育成や活字文化と民主主義社会の発展などを目的に掲げて全国で展開されています。「膨大な情報が行き交うネット社会で、正しい情報を取捨選択し、読み解く情報活用力が欠かせません」（日本新聞協会）。地域や社会の中で課題を見つけ、解決のために行動する力を育むことが、一層重要になっています。

江戸時代のかわら版を前史とし、国内初の日本語日刊紙「横浜毎日新聞」が誕生したのは明治維新からすぐの明治3年12月8日（新暦1871年1月28日）。新聞発祥の地である横浜市に2000（平成12）年に開館した日本新聞博物館（ニュースパーク）の「情報社会と新聞」ゾーンには2022（令和4）年3月、新展示「情報の森」がオープンしました。情報が溢れる現代社会を「森」に見立て、4つの大切なものの助けを借りながら新たな情報に出合い、視野を広げるとい

うデジタル技術を活用したストーリー性のある内容です。

その大切なものとは「楯」「スコープ」「ひかり球《だま》」「なかま」―。立ち止まって「楯」で身を護り、情報に近づいていく。絶対に正しい情報があるとは考えないで情報に触れていく。「スコープ」を使って情報の発信者を確かめ、フェイクニュースなどの危機をいち早く察知する。「ひかり球」で死角（暗がり）を減らす。スポットライトの中だけを見て、これがすべてだと決めつけないで、周りの暗がりにも何かが隠れていないか照らしてみる。君を大切に思ってくれる「なかま」を集める。情報を受けるときも発信するときも、アドバイスしてくれたり、ともに考えてくれる仲間たちと情報の森を歩いて行く道程を示します。

「戦争でも災害でもコロナ禍でも確かな情報は身を守る」と同博物館の尾高泉館長。「ニュースを得る方法の調査で、無料のインターネットニュースやSNSと回答する割合が増えている。コロナ禍の巣ごもりで高齢者世代の利用も伸びた。情報があふれる現代では便利な半面、利用者の閲覧履歴を人工知能（AI）が学習し、知らないうちに見たい情報しか届かなくなる恐れがある。情報が偏ることで自分の考えを多数派だと誤認し、異なる考えの人を誹謗中傷してしまう場合もある。SNSやスマートフォンの普及が早く、情報リテラシー（大量の情報から必要な情報を収集し、分析・活用するための知識や技能）の育成は、教育もNIEも追いついていない」と尾高館長は強い危機感を抱いています。

（太田　隆之）

記　事

復興とコロナ収束祈る　真備で花火

①

復興と新型コロナの収束を願って打ち上げられた花火

②

西日本豪雨で被災した倉敷市真備町地区で2日、復興と新型コロナウイルスの収束を願った花火が打ち上げられた。

午後6時半、小田川河川敷から計2222発が次々と上がった。町中にドーンという音が響き渡り、通りがかりの住民らは足を止めて夜空を彩る大輪に見入っていた。

豪雨直後、復旧のボランティアに当たった一般社団法人世界美生アカデミー（東京）が企画。3密（密閉、密集、密接）を避けるため、詳しい場所を告知せず、打ち上げの様子を動画投稿サイト・ユーチューブでライブ中継した。

庄子みどり代表理事は「災害、コロナと大変な時期だが、沈んでいては未来はつくれない。真備を元気づけられたらうれしい」と話した。

（西平亮）

さんデジに動画

出典：2020年10月7日山陽新聞朝刊

③　④

1.「復興とコロナ収束祈る　真備で花火」という見出し①とともに掲載された幾発もの美しい大輪の花火の写真には「復興と新型コロナの収束を願って打ち上げられた花火」という写真説明②が付いています。この写真と見出しから、どのようなことを想起するか、あなたの頭に浮かんだことを自由に書いてください。その際、「社会福祉」という観点から、WEB 辞典ニッポニカでの説明「社会成員の幸福な状態。それは、現実にはまだ実現していないものであり、したがって、目標や理想として追求するべきものである」を参考に考えてみてください。

※真備＝ 2018（平成 30）年の西日本豪雨災害で大きな被害が発生した倉敷市真備町地区

2. 花火の打ち上げを企画した一般社団法人・世界美《び》生《しょう》アカデミーの庄子みどり代表理事の「真備を元気づけられたらうれしい」という言葉で記事は締めくくられています。「災害、コロナと大変な時期だが、沈んでいては未来はつくれない」というコメント③から、あなたは西日本豪雨災害で被災した倉敷市真備町地区の復興に、なぜ花火の打ち上げが必要だったと考えますか？

3. 主催した世界美生アカデミーは本来なら、事前に花火の打ち上げ時刻や観覧場所を案内して、少しでも多くの人に見てもらいたいところでしょうが、記事には、花火打ち上げに際して「3密（密閉、密集、密接）を避けるため、詳しい場所を告知せず、打ち上げ花火の様子を動画投稿サイト・ユーチューブでライブ中継した」という説明④が入っています。こういう配慮が必要とされた新型コロナウイルス禍の社会状況について、あなたはどういうことを経験しましたか？

4. 新型コロナウイルス禍では、感染者（PCR検査での陽性者）を特定しようとしたり、感染経路についても確かな根拠がないままに感染源を憶測するような事態が見られました。営業を行っている飲食店などを一方的にSNS上で非難する「自粛警察」が現れたり、コロナワクチン接種を受けるかどうか、また、受けたかどうかについても、個人の意思や個人情報を尊重しない社会状況もあります。コロナ状況下がもたらした日本社会の「分断」について、あなたはどう考えますか？

5. WEB辞典ニッポニカは「社会福祉」の概念について「社会成員の幸福な状態をもたらすための制度、政策、実践など」とも提示しています。コロナウイルス禍の社会状況を経験したわれわれは、その概念を実際のものとして実現していくため、どういうことがこれから必要だと考えますか。自分の考えをまとめてください。

6. 解　説

（1） 住民の気持ちが沈んだままでは…

2本目に採り上げた記事は、社会面トップの1本目の記事とは違い、地域の出来事を報じる「話題もの」の記事で、掲載面も各地ごとの地域面（この記事は「倉敷・総社圏版」）でした。記事の行数も少なく、さらりと読めるニュースですが、こういう記事の中にも「社会福祉」について考えるうえでの大切なヒントが含まれています。

西日本豪雨（2018（平成30）年7月）で大きな被害が発生した倉敷市真備町地区で2020（令和2）年10月2日夜、民間の力を結集して3,000発の花火が打ち上げられました。本流の高梁《たかはし》川との合流地点からのバックウォーター現象で、上流側の水位が上昇して堤防が決壊した小田川の河川敷が打ち上げ場所。真備の夜空を彩った花火の感動はSNSなどで全国へ拡がり、暮らしの再生と新型コロナウイルス禍の収束への祈りとともに感動の環は今も拡がっているようです。

この「真備復興花火」を主催した一般社団法人・世界美生アカデミー（本部・東京）の庄子みどり代表理事が、思いを語ってくれました。「心身の健康と同じで、ハード面の復興は進んでも住民の気持ちが沈んでいては地域の暮らしは再生しない。復興と鎮魂の願いを込めて花火を見上げることで笑顔を取り戻し、真備から、コロナムードに覆われ沈む日本を元気にしてほしかったんです」。世界美生アカデミーは氣功を通じた美容・健康づくりの活動を国内外で幅広く行っている団体です。縁あって2016（平成28）年に岡山支部を置き、西日本豪雨で被災した真備町地区や総社市などに支援物資を送るとともに、岡山支部員と一緒にヒーリングやリラクゼーションで被災者の心身を癒すボランティア活動を展開しました。活動の中で耳にしたのが、「ハード面で被災地の復旧は進んでも住民の気持ちが沈んだままで、地域の復興につながっていない」という声でした。

そこで「被災地を元気づける起爆剤に」と2020（令和2）年4月に岡山市内のホールを2日間借り切り、講演会とワークショップを企画しました。計600人分のチケットが完売していたものの、コロナ感染が急拡大する状況下で中止に。そのチケット代金の一部（1,000円）を寄託する動きが広がり、真備町の消防団や住民グループの協力・賛同が得られたことで、周りから「絶対に無理」と言われていた真備復興花火が一気に実現したそうです。1995（平成7）年に発生した阪神・淡路大震災の復旧・復興を「まちづくり」という観点から推進しようと設立された一般財団法人・敬愛まちづくり財団（神戸市）の堀秀也理事長も力強くバックアップ。花火の打ち上げを担った株式会社ライズ（岡山市）の笹井貞男代表取締役も、庄子さんらの熱意を意気に感じ、当初、2,222発の予定だった打ち上げを花火師の〝男氣〟で上乗せして3,000発の華やかな復興花火になりました。

（2） 生きる力はどこから生まれてくるか

「いつもの帰り道、まん円い月が優しく顔を出していた。暗い夜空に美しく光を放つその姿は、仕事で疲れた私の心を癒やしてくれた。『ドンドン、パチパチパチパチ』。次の瞬間、あの懐かしい音が空にこだました。倉敷市真備町で、豪雨災害からの復興とコロナ禍収束を祈願する花火が、今まさに目の前で打ち上げられている。沿道には多くの人々が集まり、笑顔で花火を見つめていた。明るい未来を願う大きな力を感じた。『暗い夜空を彩る大輪の花』。その輝きに触れた時、私はふと勤務校の生徒たちの笑顔を思い出した。コロナ禍で困難な状況の中、彼らは一人一人の夢に向かって力強く歩んでいる。『困難な時代だからこそ、社会の一員として未来のために頑張りたい』と積極的に挑戦を続けている生徒もいる。『ドンドン』と響き『キラキラ』と輝いた花火は、真備町の力になったに違いない。夜空の彩花が『光』となって、一歩ずつ町が復興しコロナ禍が収束することを願いたい」。これは2020（令和2）年10月14日付山陽新聞の読者欄に掲載された地元の教員・岡本恭子さん（47）の「真備の力となった復興花火」と題した投書です。

役員を務めていた会社を辞し、2020（令和2）年7月に防災など社会課題の解決に取り組む会社を56歳で起業した倉敷市真備町地区の金藤《かねとう》純子さんは、自宅と両親が暮らす実家が浸水し、避難先の病院から自衛隊のボートで救出された西日本豪雨の被災者です。社名のEnPal（エンパル）には「ゆるやかな縁で　みんないっしょに　いのちが助かる未来へ」との思いを込めたそうです。防災を専門とする大学教授らと連携し、避難の際に高齢者らが取り残されないように地域ネットワークをつくるシステムを開発。東京にもオフィスを構え、企業とのタイアップで地域の災害史に関する講座などを開講したり、大型商業施設での防災イベントの企画・運営などを積極的に展開しています。金藤さんは「被災からの復興で一番大切なことは何か。それは『生きる力』。生きる力はどこから生まれてくるか。私は『人との繋がり』だと学んだ」と言います。

（3）「受け手に伝わる情報」とは

倉敷市真備町地区では小田川と、その支流3河川の計8か所の堤防が決壊して、地区面積の3割に及ぶ1,200ヘクタールが水没しました。この水没エリアは倉敷市が策定していた洪水・土砂災害ハザードマップが想定していた浸水域とほぼ重なっていました。ハザードマップについて、山陽新聞のアンケートに住民の75%は「存在を知っていた」と答えましたが、「内容を理解していた」と答えたのは25%にとどまりました。30代以下の若い世代は半数が「存在を知らなかった」との回答で、世代間のギャップも明らかでした。過去に水害があったことに対する認識は「知っており、備えていた」（13%）に対して「知っていたが、備えていなかった」が68%。避難のきっかけは「川の水位が上がってきたから」「携帯電話のエリアメール」「近所からの声掛け」「家族からの電話やメール」の順で、テレビ・ラジオやインターネットの情報は低い割合でした。

「受け手に伝わる情報」とは「脳裏と胸の中に刻まれる情報」と言い換えてよいのかもしれません。東日本大震災（2011（平成23）年3月）では過去の津波被害を伝承する石碑や古文書、伝説が改めてクローズアップされました。思想家・哲学者の中沢新一さんは2019（平成31）年に出版した『アースダイバー』（増補改訂）の前書きをこう書き出しています。「2011年の東日本大震災で、このときには『日本列島は海中に突き出た揺れ動く大地である』という、この本のテーマがとてつもない災害にも連結していることを知って、私は大きな衝撃を受けました。（中略）東北地方の各地には大津波に襲われても無事であった神社がたくさんありました。そうした神社の所在地の多くが、『アースダイバー』に描かれていたとおりの地形上にあったという報告を受けたときには、あらためて昔の人たちの知恵に感動しました」。

東日本大震災の際に東北地方整備局長として国の最前線に立った徳山日出男・元国土交通事務次官（岡山市出身）は、「晴れの国・岡山」の危険性について西日本豪雨災害の前から警鐘を鳴らしていました。「岡山県南部に広がる耕地の8割は干拓地。岡山から新しい農業を生んでいったが、無理をして干拓した土地だけに水害被害額は全国で7番目とリスクを抱えている。満潮（新月）と台風が重なると津波と同じことが起こるのが県南部のゼロメートル地帯（252平方km）。東京湾（116平方km）と大阪湾（124平方km）の合計より広い」。

岡山県南部の耕地約2.5万ヘクタールの8割が干拓地です。干拓の歴史は、戦国大名の宇喜多秀家が16世紀末の天正年間に築いた「宇喜多堤」（早島町、倉敷市）にさかのぼり、近世以前は

「まったく違った地形だったことが江戸時代の絵図や発掘調査からわかっています」（岡山大学埋蔵文化財調査研究センター）。倉敷市真備町地区の源福寺に建つ供養塔は、1893（明治26）年の水害で200人以上の死者が出たことを伝えていましたが、真備地区は生活に便利なベッドタウンとして急速に市街化しました。

（4）「大局観がなければ適切な選択はできない」

数学者でエッセイストの藤原正彦さんは2020（令和2）年の新聞週間に合わせ、NIEの重要性について以下のような提言をしています。

「近頃の若い人は新聞を読まなくなった。ではどこで情報を得ているかといえば、インターネットだという。しかし、それではいけない。たしかにネットには無限の情報があるが、99.999パーセントはそのままでは何の役にも立たない情報だ。21世紀に生きるわれわれは、常に情報の洪水の中でおぼれかけており、大量のジャンクの中からどの情報を選択するかが非常に重要になっている。正しく選択してこそ、情報は生きる。（中略）新聞で身に付けた知識を読書によって組織化して、教養にまで高める。この段階を踏むことで、初めて大局観が生まれてくる。そして大局観がなければ適切な選択はできない。個々人が大局観を持たなくても指導者がきちんと判断してくれればいい、と思う人もいるだろう。だが賢人の独裁が最も効率的だとしても、理想的独裁者を選ぶ方法を人類は持っていない以上、欠陥はあるが民主主義に頼るほかない。民主主義とはつまるところ国民の多数決なのだから、政治家を選ぶ国民一人一人の大局観が重要になる。新聞と活字文化は、そのために必要だ。コロナ禍のいま、テレビでは恐怖をあおる番組も散見される。だが新聞は冷静な統計を示し、理性的思考を促すことができるメディアだ」（2020（令和2）年10月14日付山陽新聞）。

（太田　隆之）

第2章　社会福祉とは

記　事

高齢者、障害、子育て、生活困窮など分野で縦割りとなり、相談時に「たらい回し」されることもある福祉行政を変えようと、改正社会福祉法が来年４月に施行される。目玉は、どんな相談もワンストップで受ける「断らない」窓口の設置と、継続して寄り添う伴走型支援。市町村の任意事業だが、国は交付金を新設して後押しする方針だ。４年前、ワンストップ窓口を先駆けて設けた茨城県東海村の実践から意義や課題を考える。（五十住和樹）

相談たらい回し 解消へ

改正社会福祉法 来春施行

「断らない窓口」孤立防ぐ

「同居の五十代の息子について相談したい」

二〇一八年、七十代の母親が民生委員に付き添われ、同村が一六年に社会福祉協議会に設けた総合相談窓口（ワンストップ窓口）を訪れた。世帯の収入は母親の年金だけ。息子は精神疾患があり、食事など日常生活や金銭管理は母親頼り。「自分が亡き後、無職の息子はどうしたらいいのか」という相談だった。

対応した村社協のコミュニティーソーシャルワーカー（CSW）は、村障がい福祉課に連絡してグループホーム入所や就労支援などの検討を始めた。ところが一カ月後、母親が急死。CSWは息子に付き添って生活保護を申請し、自宅で暮らし続けたいとの息子の希望から、食事や洗濯など障害福祉の家事支援サービスを始めた。認知症や知的障害などがある人向けの「日常生活自立支援事業」による金銭管理も実施。よく買い物をするコンビニに見守りなどを頼み、息子は今も各種の福祉に支えられ暮らす。

村社協の社会福祉士でこの仕組み作りを担当した古市こずえさん（三九）は「生活保護や障害福祉など、それぞれの窓口に本人が行かないと始まらない旧来の態勢では、母が急死しても息子がSOSを出せず、遺体と暮らすような最悪の事態も考えられた」と振り返る。

「どこの窓口が受けるか微妙な相談や『助けて』と言えない人への支援は課題だった」と古市さん。総合相談窓口は分野を問わず相談を受ける「相談支援包括化推進員」ら七人で担当。平日は毎日開き、相談者の自宅へ出向くこともある。

村社協への相談件数は一五年度は六十六件だったが、総合相談窓口ができた一六年度は百五十八件に急増。「雨戸がずっと閉まった家がある」「あの家のおばあちゃんが心配」など、村などに寄せられた住民からの情報が総合窓口を通じて福祉サービスにつながった例もある。ひきこもりなど、本人や家族が相談に訪れにくいようなケースは、こちらからアプローチすることもある。

もう一つの柱は総合相談窓口と連携する、村社協の地域づくり専門員「支え合いコーディネーター」だ。各地区から出た困り事を、商工業者や行政など多分野のメンバーが集う話し合いの場「絆まるっとプロジェクト」で検討。既存のサービスがなければ新しい仕組みを作って解決に導く。これまでに、ごみ屋敷対策などの新事業が生まれた。

村社協はこれらの活動を始めるに当たり一六年、寄付を募って基金を設立。行政が対応できない部分などを補っている。

改正法では、東海村のようなワンストップの取り組みを支援。生活困難に陥る要因の一つである社会的孤立にある人へ支援を届けることも明記した。

国の検討会に参加した、千葉県市川市の「中核地域生活支援センターがじゅまる」センター長、朝比奈ミカさん（五五）は「複雑さも深刻さも違う一人一人にオーダーメードの支援をチームを組んで行う。まずは仕組みをスタートさせ、やりながら点検していきたい。国が資金を出して、支援を行う自治体を支えることが重要だ」と話している。

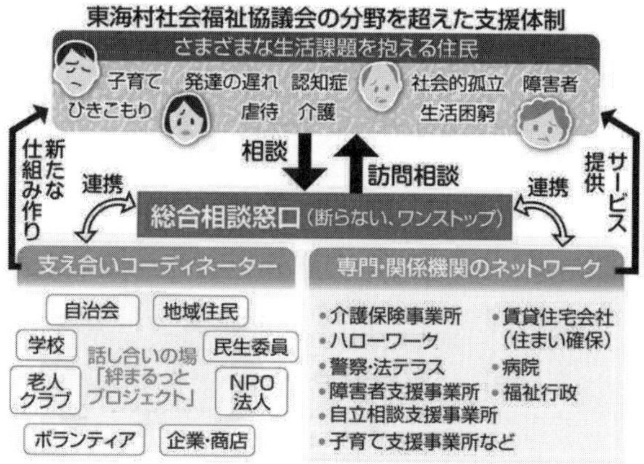

出典：2020 年 7 月 29 日東京新聞朝刊

1．次のことを調べましょう。

（1）「社会福祉」とは何か調べましょう。

（2） 社会福祉法及び社会福祉法の改正について調べましょう。

（3） 私達が社会生活を送るうえで起きる生活問題にはどのようなものがあるか調べましょう。

（4）「社会福祉協議会」とはどのような組織か調べましょう。

（5）「コミュニティーソーシャルワーカー」（CSW）について調べましょう。

2. この記事を読んだ感想をまとめましょう。

3. 解　説

（1）「社会福祉」とは

福祉は「幸福」「ゆたかさ」を意味する言葉で英語ではwelfareといい「よりよく暮す」と語訳できます。社会福祉はsocial-welfare「社会的な」という言葉が加わり、「社会的によりよく暮らす」ことを実現させる諸活動の総称と言えます。社会福祉の目的は、Well-being「よりよく生きる、幸福追求の実現」であり、厚生労働省は「個人の権利や自己実現が保障され、身体的、精神的、社会的に良好な状態にあることを意味する概念」と定義しています。

人がより良く暮らしていくためにはさまざまな問題や障壁があります。例えば、貧困、児童、母子・父子家庭、要介護高齢者、障がい者など社会生活を送るうえでハンディキャップを抱える人も少なくありません。そのような人に対し、自立した、よりよい生活の実現を図る支援や援助を提供する施策（「生活保護法」「児童福祉法」「母子及び父子並びに寡婦福祉法」「老人福祉法」「身体障害者福祉法」「知的障害者福祉法」などによるもの）を狭義の社会福祉と捉えます。また、すべての人が生活を営むうえで生じる問題、例えば「年金」「子育て」「教育」「医療」「雇用」「住宅」「介護」「冠婚葬祭」など「ゆりかごから墓場まで」の生活水準全体の向上を目指す施策や社会保険制度などを広義の社会福祉と捉えています。

（2） 社会福祉法について

わが国では、1946（昭和21）年に「日本国憲法」が制定され（翌年施行）、その第25条第1項で「健康で文化的な最低限度の生活を営む権利」を規定しています。すなわち、いかなる生活困難を有している人も、人間らしく生活する権利「生存権」が保障されたということです。次いで、1951（昭和26）年に社会福祉事業に関して規定した「社会福祉事業法」が施行されました。この法律は2000（平成12）年5月に改題（名称変更）し「社会福祉法」となりました。「社会福祉法」第1条によれば「福祉サービスの利用者の利益の保護及び地域における社会福祉（略）の推進を図るとともに、社会福祉事業の公明かつ適切な実施の確保及び社会福祉を目的とする事業の健全な発達を図り、もつて社会福祉の増進に資すること」を目的としています。「地域共生社会の実現のための社会福祉法等の一部を改正する法律」により「社会福祉法」は改正され、この改正は2021（令和3）年4月に施行されました。改正のポイントは、子ども・高齢者・障がい者などすべての人びとが地域で暮らし、生きがいを共に創り、高め合うことができる「地域共生社会」の実現に向けた地域づくり・包括的な支援体制の整備等下記の5点で、これらに着手しています。例えば、地域住民の複雑化・複合化した支援ニーズに対応する包括的な支援体制の整備としては、「重層的支援体制整備事業」が創設されました。重層事業は、対象者の属性を問わない相談支援、多様な参加支援、地域づくりに向けた支援を一体的に行う事業です。2021（令和3）年度には42市町が実施し、2022（令和4）年度には134市町村が実施を推進しています。

① 地域住民の複雑化・複合化した支援ニーズに対応する市町村の包括的な支援体制の構築の支援
② 地域の特性に応じた認知症施策や介護サービス提供体制の整備等の推進
③ 医療・介護のデータ基盤の整備の推進
④ 介護人材確保及び業務効率化の取組の強化
⑤ 社会福祉連携推進法人制度の創設

（3） 社会生活を送るうえで起きるさまざまな生活問題

皆様は、幸福に過ごせていますか？「好きなことがしたい、お金が欲しい、いい大学に入りたい、結婚したい、安心した老後を送りたい」などそれぞれに希望があると思います。人は希望を叶える中でさまざまな悩みや障壁、問題に直面していきます。それぞれのライフステージ（乳児期、学童期、青年期、成人期、老年期）によってライフイベント（出生、就学、就職、結婚、出産、子育て、退職、死）があります。例えば、障害、いじめ、不登校、就職できない、ワーキングプア（働いても貧困状態にあるなど）、失業、ホームレス、病気、適切な医療が受けられない、退職からの生きがい喪失、介護問題（認認介護、介護難民、8050問題、ヤングケアラーなど）、死別による孤立、孤独死などもあります。その他、年金問題、生活困窮、虐待、非行、薬物依存、感染症、外国人労働者問題、ゴミ屋敷、人材不足など人間が生活を営むうえでさまざまな問題があります。社会福祉はそういった諸問題に対応する支援や施策、制度などで、よりよい生活に向けた整備がますます必要とされています。

（4）「社会福祉協議会」とは

社会福祉協議会は、「社会福祉法」（第10章第3節）に基づき、民間の社会福祉活動を推進する営利を目的としない民間組織です。社会事業・慈善事業の中央組織は1908（明治41）年に中央慈善協会として誕生し、この後中央慈善協会は何回か名称が変わりましたが、1951（昭和26）年に中央慈善協会の後身組織など3組織が統合し中央社会福祉協議会が発足しました。その後、現在の名称である全国社会福祉協議会に改められました。「社会福祉協議会は、それぞれの都道府県、市区町村で、地域に暮らす皆様のほか、民生委員・児童委員、社会福祉施設・社会福祉法人等の社会福祉関係者、保健・医療・教育など関係機関の参加・協力のもと、地域の人びとが住み慣れたまちで安心して生活することのできる『福祉のまちづくり』の実現をめざしたさまざまな活動をおこなっています。例えば、各種の福祉サービスや相談活動、ボランティアや市民活動の支援、共同募金運動への協力など、全国的な取り組みから地域の特性に応じた活動まで、さまざまな場面で地域の福祉増進に取り組んでいます」[1)]。その他、訪問介護（高齢・障害）、デイサービス、日常生活自立支援事業、配食サービスなど地域の実情に合わせたさまざまな問題や課題に対応しています。

（5）「コミュニティーソーシャルワーカー」（CSW）について

新聞記事や上記の内容のように、現代社会では社会福祉の問題は多くありますが、それらの問題が隠れていることもあるし、問題があることに気づいていない人も多くいます。また、地域においては公的な福祉サービスだけでは対応できない生活課題も増えており、どこに相談したらよいのかわからない人、制度の狭間で困窮している人（要援護者）もいます。このような人びとへの対応の必要性が指摘され、市町村レベルでも先駆的な取り組みがなされていましたが、都道府県レベルでは、大阪府が最初に2004（平成16）年度に府事業としてCSWの養成・配置を行いました。CSWは福祉の相談、地域の福祉ネットワークづくり、福祉のまちづくりを推進し、主に社会福祉協議会や地域包括支援センターなどで活躍しています。CSWは資格ではなく、職名であり、福祉の実務経験があれば就くことができます。基本的には社会福祉士や社会福祉主事任用資格、介護支援専門員などの相談援助資格保持者であることや実務経験を経てCSWの研修を受講した者が実践しています。

注

1） 全国社会福祉協議会 HP　https://www.shakyo.or.jp/recruit/about/index.html（最終閲覧日　2022.9.17）

参考文献

松井圭三・今井慶宗編『新編社会福祉概論』大学教育出版（2022）
井村圭壯・今井慶宗編『社会福祉の形成と展開』勁草書房（2019）
株式会社野村総合研究所「コミュニティソーシャルワーカー（地域福祉コーディネーター）調査研究事業報告書　平成 25 年 3 月」
ワムネット「コミュニティーショーシャルワーカー（CSW）」
https://www.wam.go.jp/content/wamnet/pcpub/top/fukushiworkguide/jobguidejobtype/jobguide_job58.html（最終閲覧日　2022.9.17）

（名定　慎也）

記　事

社説

社会保障の将来

痛み伴う議論も臆せずに

少子高齢化が進む中、社会保障制度は維持できるのか。国民の不安が高まっている。一部の高齢者の医療費負担が10月に引き上げられ、公的年金は目減りしていく見通しだ。政府はさらなる負担増も検討している。だが、痛みを伴う改革への反発を心配してか、参院選では与野党とも踏み込む気配が乏しい。

年金は４月分から前年度比で０・４％引き下げられた。支給額改定の指標となる現役世代の賃金水準が下がったためである。

無職の人や自営業者らの国民年金は、40年間保険料を納めた満額の場合で月６万４８１６円（前年度比２５９円減）、会社員や公務員らの厚生年金は、平均的な給与で40年間働いた夫と専業主婦のモデル世帯で月21万９５９３円（同９０３円減）となった。

年金の目減りは少子高齢化に合わせて支給額を抑える仕組みがあるためで、将来的に国民年金の価値は約３割も下がると見込まれる。困窮する高齢者が増えかねず、看過できない問題だ。

医療費の窓口負担が増えるのは、一定の収入がある75歳以上の人で、現在の１割から２割に引き上げる。75歳以上の約20％、３７０万人が当てはまる見通しである。

ただ、現役世代の保険料負担の軽減効果は１人当たり年約７００円で、根本策とはならない。政府は今月決定した経済財政運営の指針「骨太方針」に、さらに75歳以上の保険料上限額引き上げなどの検討を盛り込んだ。

負担増は介護でも検討される可能性がある。介護保険制度は３年ごとに見直され、今年秋に２０２４年度改正に向けた議論が本格化する。現在、サービス利用時の自己負担は原則１割だが、財務省は２割負担の対象拡大などを求めており、焦点となりそうだ。

こうした背景には、団塊の世代が25年、全員75歳以上となり、医療や介護費が急増することがある。高齢者人口はその後も42年まで増えるとみられる一方、制度を支える現役世代は激減する。

喫緊の課題である低年金の人への対策などとして、岸田文雄首相は厚生年金などの加入者を広げる「勤労者皆保険」を掲げるが、事業主を含めた負担増の議論は封印している。参院選の自民党の公約も、年金・医療・介護については全世代型社会保障の構築を掲げるにとどまっている。

野党は低所得の高齢者の年金に一定額を上乗せする制度や、最低所得保障制度のベーシックインカムといった対策を検討して社会保障全体の改革を推進するなどとしているものの、やはり具体性に欠けると言わざるを得ない。

特に、財源をどう確保するかが課題である。国民に負担を求めることを含めて、確保策を示さなければ実現は見通せない。社会保障制度の持続可能性を高めるため、各党は臆せず、活発に議論してもらいたい。

2022.6.30

出典：2022年6月30日山陽新聞朝刊

1．次のことを調べてみましょう。

（1）「社会保障制度」について調べましょう。

（2） 社会福祉と社会保障の関係について整理してみましょう。

（3）「少子高齢化問題」について調べましょう。

（4）この新聞記事の中で問題になっていることや、今後の社会福祉や社会保障の課題を調べましょう。

2. この記事を読んだ感想をまとめましょう。

3. 解 説

（1） 社会保障制度について

社会保障制度は、1950（昭和25）年10月の社会保障制度審議会の勧告の中に「疾病、負傷、分娩、廃疾、死亡、老齢、失業、多子その他困窮の原因に対し、保険的方法又は直接公の負担において経済保障の途を講じ、生活困窮に陥った者に対しては、国家扶助によって最低限度の生活を保障するとともに、公衆衛生及び社会福祉の向上を図り、もつて全ての国民が文化的社会の成員たるに値する生活を営むことができるようにすること」と示されました。私たちは自らの責任と努力によって自立した生活を営んでいますが、病気や障害、老齢や失業など自分だけではどうすることもできないことも起こってきます。社会保障制度はそのような国民の「安心」や生活の「安定」を支えるセーフティネットとして、「社会保険」「社会福祉」「公的扶助」「保健医療・公衆衛生」の4つから成り立ち、子どもから高齢者まで生涯にわたって支える仕組みです。

① 「社会保険」…病気やけが、出産、死亡、老齢、障害、失業など生活のリスクに対し、一定の給付を行い生活の安定を図る強制加入の保険制度。医療保険、年金保険、介護保険、雇用保険、労働者災害補償保険に分けられる。

② 「社会福祉」…社会生活を送るうえでさまざまなハンディキャップを負っている人が、安心して社会生活を営めるよう公的な支援を行う制度。児童福祉、母子及び父子並びに寡婦福祉、高齢者福祉、障害者福祉などがある。

③ 「公的扶助」…生活に困窮する人に対して最低限度の生活を保障し、自立を助けようとする制度（生活保護制度など）。

④ 「保健医療・公衆衛生」…健康に生活できるようさまざまな事項についての予防、衛生のための制度。医療サービス、疾病予防・健康づくり、母子保健、食品や医薬品安全管理などがある。

（2） 社会福祉と社会保障の関係

ここで社会福祉について整理をしましょう。前述の社会保障制度で考えると、社会福祉は社会保障（社会保険、社会福祉、公的扶助、保健医療・公衆衛生）の中に位置づけられます。この「社会福祉」は前節で解説した狭義の意味と考えることができます。広義の「社会福祉」はすべての人は生まれながらにして幸福に生きる権利を有しているという捉え方で、国民生活の生活水準向上につながる社会的な取り組み全体を社会福祉と広く考えることができます。また、「福祉」という言葉と「保障」という言葉の意味を調べてみると、「福祉」は幸福に生きる権利、「保障」は社会として保護し生活を守る責務という側面があることがわかるでしょう。「福祉」「社会福祉」を学習する中で、自分自身の理解をさらに深めていきましょう。

（3） 少子高齢化問題について

令和4年度版高齢社会白書によると、わが国の人口は1億2,550万人（2021（令和3）年10月1日現在）であり、65歳以上人口は3,621万人です。人口に占める65歳以上の高齢者人口、すなわち高齢化率は28.9%となっています。2065（令和47）年には38.4%に達し、国民の2.6人に1人が高齢者となる社会が到来すると推計されています。その反面、出生数は減少しています。2020（令和2）年の出生数は84万835人、合計特殊出生率は1.33となっています。また、現役世代（生産年齢人口：15歳～64歳）も減少し、2020（令和2）年には65歳以上の者1人を現役世代2.1人で支える社会になっています。今後も少子高齢化は進むため、2065（令和47）年には高齢者1人を現役世代1.3人で支える社会になると推計されます。国立社会保障・人口問題研究所「令和元年度社会保障費用統計」によると、2019（平成31・令和元）年度は社会保障給付費が全体で123兆9,241億円となり過去最高の水準となっています。また、国民所得に占める割合は30.88%です。社会保障は年金、医療、介護、子ども・子育てなどの分野に分けられ、社会保障関係費は国の一般会計歳出の約3分の1を占める最大の支出項目となっています。なお、社会保障関係費は国の一般会計予算における概念ですが、社会保障給付費は、保険料や地方負担も込みでの概念で、両者は異なります。このように、少子高齢化を背景とする社会保障給付費（それに伴い国の社会保障関係費も）は増大し、高齢者、現役世代、子ども（将来）を含め保険料等の負担増加が考えられるため注視していく必要があります。

（4） 社会福祉の問題と課題

政府は、2019（令和元）年9月に全世代型社会保障検討会議を設置し、人生100年時代の到来を見据え、子ども、子育て世代、現役世代、高齢者の安心した生活を支えるために、全世代型社会保障改革を進めようとしています。記事にあるように、現役世代の負担上昇を抑える対策として、2022（令和4）年10月1日から「全世代対応型の社会保障制度を構築するための健康保険法等の一部を改正する法律」により「高齢者の医療の確保に関する法律」も改正され、75歳以上で一定以上の所得がある人は、医療費の窓口負担割合が1割から2割に変わりました。また、年金の保険料を納める現役世代の賃金が減った等の理由から、高齢者への国の年金支給額が2022（令和4）年4月から0.4%引き下げられています。その他、介護保険の利用者負担割合が2割となる人の対象拡大も検討されています。しかしこれら対策について、現役世代や高齢者からは今後の生活や老後の不安も聞かれるようになっています。

少子高齢化の進展によって、「少子化社会対策基本法」が2003（平成15）年に施行され、結婚支援、妊娠・出産への支援、男女ともに仕事と子育てを両立できる環境の整備、地域・社会による子育て支援、経済的な支援等、ライフステージに応じた総合的な少子化対策も推進していますが大きな成果は見えていないのも現状です。そして、今後は団塊ジュニア世代（1971（昭和46）年～1974（昭和49）年生まれ）が高齢者となる2040（令和22）年を見据えた検討が必要です。厚生労働省「2040年を展望し、誰もがより長く元気に活躍できる社会の実現」[1)]には、「①多様な就労・社会参加の環境整備、②健康寿命の延伸、③医療・福祉サービスの改革による生産性の向上、④給付と負担の見直し等による社会保障の持続可能性の確保」の4点を政策課題としています。2040（令和22）年を見据えると、現役世代（担い手）が急減するため、高齢者の就業を促進させるとともに、社会保障の担い手となる医療・福祉分野については、より少ない人手でも対応できる現場を実現させていくことなども求められています。

注

1）厚生労働省「第2回2040年を展望した社会保障・働き方改革本部」資料
https://www.mhlw.go.jp/content/12601000/000513520.pdf （最終閲覧日　2022.9.17）

参考文献

井村圭壯・今井慶宗編『社会福祉の拡大と形成』勁草書房（2019）
厚生労働省HP『社会保障とは何か』 https://www.mhlw.go.jp/stf/newpage_21479.html （最終閲覧日　2022.9.17）
内閣府『令和4年版高齢社会白書』（2022）
厚生労働省『令和4年度版厚生労働白書　―社会保障を支える人材の確保―』（2022）

（名定　慎也）

第3章　社会福祉の歴史

記　事

バリアフリー化9月着工

津山市は、ＪＲ津山駅（大谷）で進めているバリアフリー化の工事日程を公表した。９月から工事用の足場設置などに取り掛かり、2022年度にエレベーター新設を主体とする本体工事を実施する。利用開始は23年３月を予定している。

（有国由花）

津　山　駅

▲エレベーターを新設して使用を再開する跨線橋

現在、改札とホームの行き来は地下通路を利用。バリアフリー化は、今は使われていない跨線橋《こせんきょう》（１９７４年建設）の使用を再開し、エレベーターを設置して高齢者らの利便性を高める。地下通路の使用は取りやめる。

エレベーターは、改札側と二つのホームに計３カ所ある階段近くに１基ずつ設ける。跨線橋には手すりを付ける。

エレベーター跨線橋に新設　23年利用開始へ

ホームや改札には、視覚障害者用に線路とホームの位置を伝えて警告・誘導する「点状ブロック」や音による案内装置、点字案内板を整備する。

総事業費は約５億円で、国、市、ＪＲが３分の１ずつ負担する。20年度に現状調査や設計を終えており、21年度は足場や安全柵の設置などを行う。

当初は19、20年度の実施を見込んでいたが、19年度に国に事業採択されず、着手が20年度にずれ込んだ。

市都市計画課は「完成が２年遅れるが、お年寄りらが便利に利用できるようにし、ＪＲの利用増につなげたい」としている。

出典：2021年7月10日山陽新聞朝刊

1．言葉や状況を調べてみましょう。

（1）　1970 年代から 1980 年代にかけて障害者はバスや電車など公共交通機関に乗車することを介護などの関係で拒否されました。その抗議のため立ち上がった障害者団体の 1 つが青い芝の会です。青い芝の会の川崎バス闘争ではどのようなことが行われたのでしょうか。

（2）　バリアフリーとユニバーサルデザインの違いについて調べてみましょう。

（3）「バリアフリー法」とはどのような法律でしょうか。

（4） 自分たちが住んでいる街の駅や建物などバリアフリー化の状況を調べてみましょう。

2. この記事を読んだ感想をまとめてみましょう。

3. 解　説

（1） 青い芝の会　川崎バス闘争

今では考えられないことですが、1970年から1980年代初頭には、地下鉄・バス・鉄道等の公共交通機関で介助や時間遅延の問題から障害者に対して乗車拒否が相次いで行われ、障害者の社会参加ができないことが問題になっていました。バスの運転手が車椅子の乗客を無視してそのまま走り去るということが多発していました。原因は介助による運転手の腰痛です。当時のバスは、床の高いツーステップバスで、車椅子用リフトやスロープ板もなく、車椅子利用者は介助者に抱え上げて乗せてもらう必要があり、安全上の理由で介助者同伴でなければ乗車が認められていませんでした。介助者がいなければバス運転手が持ち上げて乗せるしかなく、腰を痛める運転手がいたためです。問題解決のために、まずは運輸省（現・国土交通省）や東京陸運局（現・関東運輸局東京運輸支局）と話し合いをもったのですが、うまくいかず、脳性まひの当事者団体である神奈川県の「青い芝の会」メンバーの脳性麻痺者60人と支援者の介助者らが大阪や兵庫など全国から集まり、1977（昭和52）年4月12日に、抗議行動のため、国鉄（現・JR）川崎駅前に停車中の路線バス（川崎市バス・東急バス・臨港バス）約30台に乗り込みバスに籠城する事件が起きました。バスに備え付けのハンマーで窓ガラスを割り、拡声器を使って演説をしたりしてバスに立てこもったため、バスの運行が終日ストップし、通勤通学の乗客が混乱する騒ぎに発展しました。

この事件は、当時のテレビニュースや新聞などマスメディアでも大きく報じられ、暴力を伴う実力行使には大きな批判もありましたが、公共交通機関におけるバリアフリーや乗車の問題に一石を投じ、これ以降、障害者用トイレ、エレベーターなど設置の議論が進みました。しかし現在、交通アクセスの問題は、障害者の乗車拒否の問題こそ、あからさまには姿を消したかもしれませんが、差別や偏見は形を変えて存在しています。

（2） バリアフリーとユニバーサルデザイン

バリアフリーデザインのうち、バリアフリーとは、「障壁」と「自由」を組み合わせた造語で「障壁がない」という意味です。もともとあるものを高齢者や障害者が利用できるように改善し、変えていくことです。

階段しかなかったところに車いす利用者が使用できるようスロープを設置すること、障害者がトイレを利用できるように多目的トイレを設置することなどが挙げられます。

一方、ユニバーサルデザインは、1980年代に車いすの利用者で建築家でもあったアメリカ人のロナルド・メイス（Ronald Mace）によって提唱された考え方で、年齢や性別、国別、障害の有無にかかわらず、はじめから誰でも使いやすいようなデザインにすることです。

例えば、玄関に段差があるのでスロープを取り付けるのがバリアフリーだとすると、はじめから床がフラットな玄関にし、開けやすい引き戸を取り付けておくのがユニバーサルデザインです。

一例として、駅でのバリアフリー設備を取り上げてみましょう。車椅子の人など足の不自由な身体障害者が移動しやすくする手段には、エレベーターやエスカレーター、スロープなどが挙げられます。階段とエスカレーターしかない場所には、車椅子の利用者のために昇降機が設けられていることもあります。自動改札の一部では、車椅子で通りやすいように、通行スペースの幅は広めになっています。駅や公共施設に設置が多い傾斜型自動販売機は、車椅子を利用している人でも画面を見ながら操作しやすいようにつくられたものです。お金を入れるところと上段の商品ボタンを低い位置に設け、商品の取り出し口を高めの位置とした自販機です。車椅子の人が使いやすいだけではなく、高齢者や妊婦にとってはかがまずに済む、子供でも届く、そして大人も使いやすい、誰にでもやさしいユニバーサルデザインの典型例といえるでしょう。

また、視覚障害者に向けた駅のバリアフリー設備としては、床面に誘導ブロック、点字運賃表や駅構内の案内板として触知案内板といった音声と触知や点字で伝えるものがあります。テンキーがついた券売機や音声ガイダンス機能のある券売機もあります。

（3） バリアフリー法

「バリアフリー法」（平成18年6月21日法律第91号「高齢者、障害者等の移動等の円滑化の促進に関する法律」）は、「高齢者、障害者等の自立した日常生活及び社会生活を確保することの重要性に鑑み、公共交通機関の旅客施設及び車両等、道路、路外駐車場、公園施設並びに建築物の構造及び設備を改善するための措置、一定の地区における旅客施設、建築物等及びこれらの間の経路を構成する道路、駅前広場、通路その他の施設の一体的な整備を推進するための措置、移動等円滑化に関する国民の理解の増進及び協力の確保を図るための措置その他の措置を講ずることにより、高齢者、障害者等の移動上及び施設の利用上の利便性及び安全性の向上の促進を図り、もって公共の福祉の増進に資すること」を目的とする法律です（同法第1条）。

ホテルや病院といった不特定多数の人が出入りする公共的な建築物については、高齢者や障害者などが安心・安全に利用できるよう法律で定められた「ハートビル法」（「高齢者、身体障害者等が円滑に利用できる特定建築物の建築の促進に関する法律」、1994（平成6）年6月施行）が、また駅や空港等の旅客施設及びバスや電車の車両が対象となる「交通バリアフリー法」（「高齢者、身体障害者等の公共交通機関を利用した移動の円滑化の促進に関する法律」、2000（平成12）年11月施行）が、従来は別々の施策として行われていましたが、一体化した整備を行うために、一本化されて「バリアフリー法」になったのです。

また2018（平成30）年12月の「ユニバーサル社会実現推進法」（「ユニバーサル社会の実現に向けた諸施策の総合的かつ一体的な推進に関する法律」）の公布・施行や2020（令和2）年開催予定であった（実際には2021（令和3）年開催）オリンピック・パラリンピック東京大会を契機とした共生社会実現に向けた機運醸成等を受け、「心のバリアフリー」に係る施策などソフト対策等を強化する必要性が生じていたことを背景に、2018（平成30）年11月「高齢者、障害者等の移動等の円滑化の促進に関する法律の一部を改正する法律」が制定され、2020（令和2）年6月19日にマスタープランにおける「心のバリアフリー」に関する記載や基本構想に位置づける「教育啓発特定事業」の一部施行、2021（令和3）年4月1日には「移動等円滑化促進地区や重点整備地区の考え方の改善」を追加して全面施行されました。

（4） 街の駅や建物などバリアフリー化の状況について

ここで取り上げた山陽新聞の記事は、岡山県津山市のJR津山駅のエレベーター設置のバリアフリー化工事着工のニュースです。現在、全国各地で駅舎の建て替えや改築工事に伴い、高齢者や障害者の利便性を高めるために、バリアフリー化を推進しているところです。

さて「障害者基本法」では、都道府県及び市町村に対して、それぞれ都道府県障害者計画、市町村障害者計画の策定を義務づけています。「障害者基本法」に基づく中長期的な計画であり、障害のある者の生活全般に関する施策について基本的な事項を定めるものとなっています。

「第3期津山市障害者計画」（2012（平成24）年度～2017（平成29）年度）では、ノーマライゼーションの理念に基づき、障害のある人の自立と社会参加、主体性の尊重、地域での支え合いを基本に「障害のある人が安心し、生きがいをもって生活できる地域社会づくり」の実現を目指してきました。第3期津山市障害者計画の基本目標の4つめには、「支え合いと住み良い環境づくり」を挙げ、誰もが安全・安心に暮らすためには、公共施設や公共交通機関におけるバリアフリー化・ユニバーサルデザイン化を推進、支援していくことを謳っていました。

JR津山駅のバリアフリー化の推進はエレベーター設置だけでなく、手すり等を設置し、また視覚障害者用の誘導のための「点字ブロック」や音による案内装置、点字案内板を整備することになっています。早期の実施を見込んでいましたが、予算の採択がされず、ようやく国、市、JRが3分の1ずつ費用を負担して2022（令和4）年度着工、利用開始は2023（令和5）年3月の予定となりました。

参考資料

第3期津山市障害者計画・第5期津山市障害福祉計画・第1期津山市障害児福祉計画の策定について
https://www.city.tsuyama.lg.jp/life/index2.php?id=6576（最終閲覧日　2022（令和4）年8月25日）

（小出　享一）

共生へ希望の灯

東京パラリンピックへ向け、聖火リレーの火をおこす採火式が作州地域の10市町村でも12〜16日、工夫を凝らして行われ、共生への希望の灯をともした。

作州10市町村で東京パラ採火式

採火台で種火を一つに合わせる真庭市の児童たち

真庭市の採火式は15日、観光文化発信拠点施設「グリーナブル　ヒルゼン」（蒜山上福田）で関係者約60人が集まって行われた。市内の木質バイオマス発電所から採取した種火を使用。公募で選ばれた小学5、6年生の代表5人が種火がともるランタンから点火棒に火を移し、採火台で一つに合わせた。

児童生徒ら参加「一生の記念」

太田昇市長は「みんなで選手を応援し、人間の体が持つ可能性の大きさを実感しよう」とあいさつ。採火した遷喬小5年牧野恭子さん(10)は「一生に一度の機会。いい記念になった」と話した。

久米南町では16日、町職員や関係者ら計15人が参加。町文化センター（下弓削）ロビーで採火式が行われた。

種火は、誕生寺支援学校の児童生徒がスチールウールを発熱させるなどしておこした。町身体障害者福祉協議会員らが制作したアート作品の前で、同協議会の岡沢稔副会長(74)＝上弓削＝が長さ約50ｾﾝﾁの棒の先に火を付け、ランタンに移した。

久米南町の採火式で種火をランタンに移す町身体障害者福祉協議会の岡沢副会長（右）

片山篤町長は「町民の思いがこもった火を東京に届けたい」とあいさつ。岡沢副会長は「全国各地の火が東京で一つになると思うと感慨深い。パラリンピックが盛り上がりますように」と願った。

美作市は12日、勝央町と新庄村は13日、美咲町は14日、奈義町は15日に実施。大雨の影響で、津山市、鏡野町、西粟倉村は当初の日程を変更し、式典を取りやめて16日までに採火した。このうち、津山市では19～25日、障害者らが制作した折り紙作品と公募で集まった選手への応援メッセージを市役所1階の市民ホールで展示する。

県内各地の火は16日に岡山市に集められ「岡山県の火」となり東京に送られる。

出典：2021年8月17日山陽新聞朝刊

1．言葉を調べてみましょう。

（1）パラリンピック採火式について調べてみましょう。

（2）パラリンピックについて調べてみましょう。

（3）パラリンピックの歴史について調べてみましょう。

（4） 障害者スポーツについて調べてみましょう。

2. この記事を読んだ感想をまとめてみましょう。

3. 解　説

（1） パラリンピック採火式について

東京パラリンピックの聖火は、ギリシャで採火する五輪と違い「聖火フェスティバル」として全国各地で火をおこす採火式を行い、採火された聖火は東京で1つに集められ、パラリンピック開会式で聖火台に点火されました。

採火式を実施する市町村は全国で880か所を超え、各地でイベントの開催などと併せて工夫を凝らしながら採火式が行われました。

この山陽新聞の記事は採火式を扱ったもので、岡山県でも真庭市、津山市など作州地域10市町村で採火式が行われ、採火された火は岡山市に集められ「岡山県の火」となり、東京に送られました。

さて、東京2020パラリンピック聖火リレーは「Share Your Light　あなたは、きっと、誰かの光だ。」をコンセプトに開催されました。コロナ禍でもあり、感染拡大防止のため、開催都市である東京都及びパラリンピック競技を開催する埼玉県、千葉県、静岡県に限定して、トーチで火をつなぐリレーが行われ、2021（令和3）年8月24日の開会式が開催される国立競技場まで運ばれました。

（2） パラリンピックについて

パラリンピックは障害者を対象としたもう1つのオリンピックです。4年に1度、オリンピック競技大会の終了直後に同じ場所で開催されています。そのため夏季、冬季の2種類の大会があります。

パラリンピックを統括するのはIPC（国際パラリンピック委員会）で、オリンピックを統括するIOC（国際オリンピック委員会）とは別の組織です。日本でも同様にパラリンピックが日本パラリンピック委員会、オリンピックが日本オリンピック委員会と別組織になっています。

選手がパラリンピックに出場するには国際パラリンピック委員会（IPC）の定める厳しい選考基準をクリアしなければなりません。

当初はリハビリテーションのためのスポーツだったパラリンピックですが、現在はアスリートによる競技スポーツへと発展しています。出場者も「車いす使用者」から対象が広がり、もう1つの（Parallel）＋オリンピック（Olympic）という意味で、「パラリンピック」という公式名称も定められました。

なお、パラリンピックの競技には、夏季は20競技があり、陸上競技、水泳、車いすテニス、ボッチャ、卓球、柔道、セーリング、パワーリフティング、射撃、自転車、アーチェリー、馬術、ゴールボール、車いすフェンシング、車椅子バスケットボール、視覚障害者5人制サッカー、脳性麻痺者7人制サッカー、ウィルチェアーラグビー、シッティングバレーボール、ボートがあります。また冬季は5競技で、アルペンスキー、クロスカントリースキー、バイアスロン、アイススレッジホッケー、車いすカーリングがあります。

さて、東京2020パラリンピックは、2021（令和3）年8月24日から9月5日までの13日間の日程で開催された第16回目の夏季パラリンピックとなります。新型コロナウイルス感染症（COVID-19）の世界的流行を受け、2020（令和2）年夏の開催日程（同年8月25日開会）から1年延期して開催されました。参加国・地域数162、参加人数4,403人、競技種目数22競技539種目が行われました。なお、日本のメダル獲得数は、金メダル13、銀メダル15、銅メダル23の合計51個でした。

（3） パラリンピックの歴史について

パラリンピックの前身となる大会が始まったのは1948（昭和23）年のことです。当時は第二次世界大戦の影響で多くの負傷者がおり、中には脊髄損傷によって車椅子を利用する患者もいました。

そういった脊髄損傷者のためにロンドンにあるストーク・マンデビル病院内に脊髄損傷科が開設され、「パラリンピックの父」といわれるルートヴィヒ・グットマン医師によって1948（昭和23）年に患者のリハビリのための競技会として車椅子患者によるアーチェリー大会が行われました。これがパラリンピックの原点となった大会です。

その後も、この大会は毎年行われていましたが、1950（昭和25）年にオランダの選手が参加したことで国をまたいでの競技会となり、名称が「国際ストーク・マンデビル大会」となりました。さらにヨーロッパ5か国によって「国際ストーク・マンデビル大会委員会」という組織ができました。

この組織によって、オリンピックが開催される年についてはストーク・マンデビル大会をオリンピックの開催国で行うという意向が発表され、1960（昭和35）年にオリンピックが開催されたイタリアのローマで、同年、国際ストーク・マンデビル大会が開催されました。

このローマ大会が第1回目のパラリンピックと位置づけられています。ちなみに冬季パラリンピックは、1976（昭和51）年に開催されたスウェーデンのエンシェルツヴィーク大会が第1回目となっています。

一方、「日本パラリンピックの父」といわれる整形外科医の故中村裕《ゆたか》博士は、1960（昭和35）年2月から約6か月間リハビリテーションの研究を目的にアメリカ及びヨーロッパに派遣されました。1960（昭和35）年5月、留学先のロンドンのストーク・マンデビル病院国立脊髄損傷者センターでスポーツを取り入れたリハビリテーションを学び、障害者スポーツと出会いました。病院では多くの患者が残存機能の回復と強化を目指し訓練・治療して、社会復帰を果たしていく姿に衝撃を受けました。当時の日本では「障害者は病院で安静に過ごす」のが当たり前のことだったからです。また留学した1960（昭和35）年は前述したように、ローマで第1回目のパラリンピックが開催された年でもありました。

中村博士は帰国後、パラスポーツの普及に取り組みます。1961（昭和36）年には国内初となる大分で県身体障害者体育大会を開催、1964（昭和39）年には、東京パラリンピックの開催にこぎ着けました。

東京パラリンピックでは、各国の選手たちが生き生きとスポーツをする姿に、日本の障害者や医療関係者、福祉関係者は深い感銘を受けました。海外の選手は競技後、ショッピングを楽しみに街に出掛けますが、日本選手は医師や看護師に付き添われ、病院や施設に戻って行きました。東京パラリンピックは大きな成果と同時に、日本と海外との差を痛感させられる場ともなったのです。

「障害者が自立できる場が必要」と考えた中村博士は、1965（昭和40）年に大分県別府市に「太陽の家」を創設しました。当時はまだ珍しかった授産施設、福祉工場を設置し、障害者の雇用の場も生み出しました。

さて57年ぶり2度目の開催となる東京パラリンピックには、4,403人が参加し、スポンサー企業をつけて活躍するプロアスリートも登場しています。

（4） 障害者スポーツについて

障害者スポーツとは、障害があってもスポーツ活動ができるよう、障害に応じて競技規則や実施方法を変更したり、用具等を用いて障害を補ったりする工夫・適合・開発がされたスポーツのことを指します。

ルール面や安全面での配慮を行っているだけで、障害者スポーツという特別なスポーツがあるわけではありません。そのためアダプテッド・スポーツ（障害のある者に適応されたスポーツ）とも言われます。

しかしながら、全部が健常者のスポーツの修正版ではなく、障害者のために考案されたボッチャなどの独自のスポーツもいくつか存在します。

障害者ができるスポーツは、健常者も障害の有無関係なしに楽しむことができます。

筆者は脳性マヒによる両下肢機能障害がありますが、ゴロ野球やゴロバレー（ゴールボール）を小学生時代から健常者を含めて一緒に楽しんできた思い出があります。

参考文献

大分合同新聞　2021（令和3）年8月25日付記事
「中村博士がまいた種、再び開花　関係者が東京パラ開会式を見守る」
信濃毎日新聞夕刊　2021（令和3）年8月24日付記事
「障害ではなく、選手を見て　「パラの父」と「日本パラの父」の精神　大切さ訴え」
スポーツ庁　ホームページ
https://www.mext.go.jp/sports/b_menu/sports/mcatetop06/1371877.htm （最終閲覧日　2022（令和4）年9月2日）
公益財団法人　日本体育協会　ホームページ
障害者とスポーツ
http://www.japan-sports.or.jp/Portals/0/data0/publish/pdf/h24_seigo2_25.pdf （最終閲覧日　2022（令和4）年9月2日）
厚労省ホームページ
障害者スポーツ
http://www.mhlw.go.jp/seisaku/2011/01/01.html （最終閲覧日　2022（令和4）年9月2日）
社会福祉法人太陽の家ホームページ
中村裕博士とパラスポーツ
http://www.taiyonoie.or.jp/sports （最終閲覧日　2022（令和4）年9月2日）

（小出　享一）

第4章　社会福祉の法律・行財政

記　事

民法に体罰禁止明記案

子への「懲戒権」削除

法制審部会

法制審議会（法相の諮問機関）の親子法制部会は1日、親権者に必要な範囲で子どもを戒めることを認める「懲戒権」を削除し、体罰禁止を明記した民法改正の要綱案をまとめた。「しつけ」を口実に虐待が正当化されているとの指摘を受けた見直し。法制審は14日に法相に答申し、政府は秋の臨時国会以降の民法改正案提出を目指す。

東京都 A 区で2018年3月、 B ちゃん＝当時(5)＝が死亡するなど親らによる虐待死事件が相次いだことを受け、体罰禁止を明文化した改正児童虐待防止法が19年6月に成立。当時の法相が懲戒権の見直しを法制審に諮問した。

民法は「親権を行う者は、（世話などの）監護および教育に必要な範囲内で子を懲戒することができる」と規定。懲戒という言葉が「懲らしめる」とのイメージを与えるため削除する。

身体的な暴力を加える体罰のほか「心身の健全な発達に有害な影響を及ぼす言動」も許されないと明記し、しつけの指針を示した。

親が自分の価値観を子どもに押し付けることが虐待につながることもあるため、子の「人格を尊重する義務」や「年齢や発達程度に配慮する義務」も盛り込む。子どもが個人として尊重される存在であることを明確にし、虐待防止の理念を強く打ち出した。

しつけ名目　明確に否定

（解説）法制審議会の部会が民法の懲戒権を削除する要綱案をまとめ、しつけ名目の児童虐待に明確に「ノー」を突きつけた。個人の権利や義務など生活の根本ルールを定める民法に虐待防止の目的で体罰禁止や子どもの人格尊重が明記される意味は重く、社会で子どもを見守るという意識の醸成がより重要になってくる。

法制審の議論では全ての委員が懲戒権削除に賛成。約10年前の改正議論では実現しなかった削除に賛同が集まったのは、この間も、虐待死事件が相次いだことが背景にある。部会では当初「必要な指示と指導はできる」との文言を置く案も出たが、「行きすぎたしつけにつながる恐れがある」と採用されなかった。虐待につながり得るリスクを可能な限り低くし、子どもを守る視点に立った判断だった。

ただ法制審では、子の人格にとどまらず「権利」の尊重を義務とするよう求める意見も出たが、実現しなかった。子どもが権利の主体という考え方は世界的な潮流で、日本も1994年に国連の「子どもの権利条約」に批准している。このような理念を踏まえた虐待防止施策の推進が求められる。（渡辺順子＝共同）

出典：2022年2月2日中国新聞朝刊（共同通信配信）

1．言葉を調べてみましょう。

（1） 日本国憲法の社会権規定とは何でしょう。

（2） 福祉六法とは何でしょう。

（3） 社会福祉法とはどのような法律でしょう。

（4） 民法と社会福祉のかかわりはどうでしょう。

（5） 訴訟に関する法律にはどのようなものがあるでしょう。

（6） 行政法において社会福祉はどうかかわっていますか。

（7） 社会保障に関する法律を調べてみましょう。

（8） その他の法令にはどのようなものがありますか。

2. この記事を読んだ感想をまとめてみましょう。

3. 解　説

（1） 日本国憲法

憲法の基本的人権の規定には社会権規定というものがあります。わが国の現行憲法である「日本国憲法」では第25条（生存権）・第26条（教育権）・第27条（勤労権）・第28条（労働基本権）などがこれに該当します。

社会福祉と最もかかわりが深いのは第25条（生存権）です。第1項は「すべて国民は、健康で文化的な最低限度の生活を営む権利を有する」、第2項は「国は、すべての生活部面について、社会福祉、社会保障及び公衆衛生の向上及び増進に努めなければならない」とそれぞれ規定されています。この第25条の規定を受けて多くの法令があります。

（2） 福祉六法とは

「生活保護法」「児童福祉法」「身体障害者福祉法」「知的障害者福祉法」「老人福祉法」「母子及び父子並びに寡婦福祉法」の6つの法律のことを福祉六法といいます。

「生活保護法」「児童福祉法」「身体障害者福祉法」は太平洋戦争が終わってすぐの昭和20年代に制定されました。戦争の後始末としての必要性が高かった法律です。この3つを福祉三法といいます。一方、「知的障害者福祉法」「老人福祉法」「母子及び父子並びに寡婦福祉法」は日本の高度経済成長が始まった昭和30年代にできました。社会が落ち着き経済的なゆとりもできたことで、福祉三法だけでは足りない分野にも関心が高まったことにより成立しました。福祉三法と後にできた3つの法律を合わせて福祉六法といいます。

なお、「知的障害者福祉法」と「母子及び父子並びに寡婦福祉法」は、制定当初、それぞれ「精神薄弱者福祉法」「母子福祉法」という名称でした。

（3） 社会福祉法とは

「社会福祉法」は「社会福祉を目的とする事業の全分野における共通的基本事項を定め、社会福祉を目的とする他の法律と相まつて、福祉サービスの利用者の利益の保護及び地域における社会福祉（以下「地域福祉」という。）の推進を図るとともに、社会福祉事業の公明かつ適正な実施の確保及び社会福祉を目的とする事業の健全な発達を図り、もつて社会福祉の増進に資すること」を目的としています。この法律は、1951（昭和26）年に「社会福祉事業法」という名前で制定されましたが、2000（平成12）年に、現在の「社会福祉法」という名称になりました。

なお、2020（令和2）年に「地域共生社会の実現のための社会福祉法等の一部を改正する法律」が成立し、翌年から大部分が施行されました。厚生労働省が示しているこの法律の概要によれば、①地域住民の複雑化・複合化した支援ニーズに対応する市町村の包括的な支援体制の構築の支援、②地域の特性に応じた認知症施策や介護サービス提供体制の整備等の推進、③医療・介護のデータ基盤の整備の推進、④介護人材確保及び業務効率化の取組の強化、⑤社会福祉連携推進法人制度の創設を内容としています。

（4） 民　法

「民法」は第1編総則、第2編物権、第3編債権、第4編親族、第5編相続の5編からなる法律です。第1～3編は1896（明治29）年、第4～5編は1898（明治31）年に制定され1898（明治31）年から施行されています。「日本国憲法」が施行されることに伴い、第4～5編を中心として 1947（昭和 22）年に大幅な改正が行われました。

社会福祉とのかかわりが大きいのは特に第 4 編親族です。第 4 編は第 1 章総則のほか第 2 章婚姻、第 3 章親子、第 4 章親権、第 5 章後見、第 6 章保佐及び補助、第 7 章扶養から構成されています。

（5） 訴訟に関する法律

社会福祉とかかわりの大きい訴訟に関する法律として、民事事件では「民事訴訟法」「人事訴訟法」「家事事件手続法」、刑事事件では「刑事訴訟法」「少年法」、行政事件では「行政事件訴訟法」などがあります。

（6） 行政法

行政に関する組織・作用・争訟を規定している一群の法体系です。行政組織・公物・公務員・警察・財政などの各分野があります。社会福祉に関する行政組織や公務員あるいは不服申し立てもこの範疇に入ります。障害者などの税の減免や社会保障給付の仕組みもこの領域です。例えば、厚生労働省の組織は「厚生労働省設置法」で定められ、その第 3 条は第 1 項で「厚生労働省は、国民生活の保障及び向上を図り、並びに経済の発展に寄与するため、社会福祉、社会保障及び公衆衛生の向上及び増進並びに労働条件その他の労働者の働く環境の整備及び職業の確保を図ることを任務とする」、第 2 項で「前項に定めるもののほか、厚生労働省は、引揚援護、戦傷病者、戦没者遺族、未帰還者留守家族等の援護及び旧陸海軍の残務の整理を行うことを任務とする」と規定しています。

（7） 社会保障に関する法律

「厚生年金保険法」「国民年金法」「健康保険法」「国民健康保険法」「介護保険法」「雇用保険法」「労働者災害補償保険法」などがあります。例えば「国民年金法」は第 1 条で「国民年金制度は、日本国憲法第 25 条第 2 項に規定する理念に基き、老齢、障害又は死亡によつて国民生活の安定がそこなわれることを国民の共同連帯によつて防止し、もつて健全な国民生活の維持及び向上に寄与することを目的とする」と定められています。

（8） その他の法令

例えば、障害福祉の分野では「障害者基本法」や「障害者の日常生活及び社会生活を総合的に支援するための法律」（障害者総合支援法）あるいは児童福祉の分野では「母子保健法」など多くの法律があります。さらに法律を実施するため政令・府省令などもあります。これらは相互に矛盾がないように作られて、一体としてわが国の福祉をつかさどっています。

（今井　慶宗）

記　事

DVや困窮の女性支援

新法提出へ　行政の責任明記

　ドメスティックバイオレンス（DV）や性被害、生活困窮などに直面する女性への支援を強化する新しい法案が3日までにまとまった。国、自治体に支援の責務があると定め、都道府県の基本計画策定や民間団体との連携を盛り込んだ。超党派議員が、月内にも議員立法として国会へ提出し、早期の成立を目指す。

　女性支援を巡る現行制度は売春防止法に基づいており、売春する恐れがある人の補導や保護更生が目的。だが実際は性被害やDVを受けて居場所がなかったり、借金を抱えていたりする人の自立支援が中心となっている。売春防止法はこうした人に対応する想定がなく、「実態に合わない」との声が上がっていた。

　さらに新型コロナウイルス禍による外出自粛でDV被害が増えるなど問題が深刻化。超党派議員が新法案の策定を急いでいた。

　新法案は「困難な問題を抱える女性への支援に関する法律案」。売春防止法の一部を切り離し、改定して盛り込むなどした。「女性の福祉増進」「支援の推進」「人権の尊重」などを目的に掲げた。国が基本方針をつくる。自治体が民間団体と連携し支援することや民間団体への援助も記した。

　自治体は、どのように支援するのかを民間団体、関係機関で構成する調整会議で話し合う。民間と協力し、自立に向けた就労や住宅の確保を手助けする。今の婦人相談所の名称を「女性相談支援センター」、婦人保護施設を「女性自立支援施設」に、それぞれ変更する。

出典：2022年4月4日中国新聞朝刊（共同通信配信）

1．調べてみましょう。

（1） 国・地方公共団体の組織について調べてみましょう。

（2） 福祉事務所について調べてみましょう。

（3） 婦人相談所について調べてみましょう。

（4） 児童相談所・身体障害者更生相談所・知的障害者更生相談所について調べてみましょう。

（5） 社会福祉の財政について調べてみましょう。

2. この記事を読んだ感想をまとめてみましょう。

3. 解　説

（1） 国・地方公共団体

国には厚生労働省が置かれています。厚生労働省の中で主に社会福祉・社会保障に関する行政を取り扱っているのは、子ども家庭局、社会・援護局（その中に障害保健福祉部）、老健局、保険局、年金局です。労働保険という意味では労働基準局や職業安定局も担当しています。他の省庁もこれら業務を扱っていて、例えば公務員の共済は財務省と総務省、私学教職員の共済は文部科学省、船員に関しては国土交通省も一部取り扱っています。子ども子育て支援に関しては内閣府の業務も大きくなっています。なお、2023（令和5）年4月からは、子ども家庭局などの子ども家庭施策を担ってきた組織が内閣府の外局である「こども家庭庁」に移行します。

「地方自治法」は第1条の3第1項で「地方公共団体は、普通地方公共団体及び特別地方公共団体とする」、第2項で「普通地方公共団体は、都道府県及び市町村とする」、第3項で「特別地方公共団体は、特別区、地方公共団体の組合及び財産区とする」と規定しています。地方公共団体で社会福祉を取り扱っているのは、民生部・保健福祉部などの組織です。

（2） 福祉事務所

「社会福祉法」は第14条第1項で「都道府県及び市（特別区を含む。以下同じ。）は、条例で、福祉に関する事務所を設置しなければならない」と規定しています。第5項では「都道府県の設置する福祉に関する事務所は、生活保護法、児童福祉法及び母子及び父子並びに寡婦福祉法に定める援護又は育成の措置に関する事務のうち都道府県が処理することとされているものをつかさどるところとする」、第6項では「市町村の設置する福祉に関する事務所は、生活保護法、児童福祉法、母子及び父子並びに寡婦福祉法、老人福祉法、身体障害者福祉法及び知的障害者福祉法に定める援護、育成又は更生の措置に関する事務のうち市町村が処理することとされているもの（政令で定めるものを除く。）をつかさどるところとする」としています。

（3） 婦人相談所

婦人相談所は「売春防止法」第34条に規定されています。第1項では「都道府県は、婦人相談所を設置しなければならない」、第2項では政令指定都市は「婦人相談所を設置することができる」とされています。婦人相談所の業務については第3項で規定されています。それによれば「性行又は環境に照して売春を行うおそれのある女子（以下「要保護女子」という。）の保護更生に関する事項について、主として次に掲げる業務を行うものとする」として、第1号で「要保護女子に関する各般の問題につき、相談に応ずること」、第2号で「要保護女子及びその家庭につき、必要な調査並びに医学的、心理学的及び職能的判定を行い、並びにこれらに付随して必要な指導を行うこと」、第3号で「要保護女子の一時保護を行うこと」を掲げています。「売春防止法」ができたのは1956（昭和31）年で60年以上前です。社会状況や人びとの考え方も大きく変わりました。

他方、「配偶者からの暴力の防止及び被害者の保護等に関する法律」第3条第1項では「都道府県は、当該都道府県が設置する婦人相談所その他の適切な施設において、当該各施設が配偶者暴力相談支援センターとしての機能を果たすようにするものとする」とされています。2022（令和4）年5月、「困難な問題を抱える女性への支援に関する法律」が成立しました。この法律によって婦人相談所は女性相談支援センター、婦人保護施設は女性自立支援施設に名称変更されます。この法律は2024（令和6）年4月から施行されます。

（4） 児童相談所・身体障害者更生相談所・知的障害者更生相談所

「身体障害者福祉法」は第11条で「都道府県は、身体障害者の更生援護の利便のため、及び市町村の援護の適切な実施の支援のため、必要の地に身体障害者更生相談所を設けなければならない」、また知的障害者に関しても同様に「知的障害者福祉法」第12条で「都道府県は、知的障害者更生相談所を設けなければならない」と規定しています。児童相談所は「児童福祉法」に基づく機関で「児童相談所運営指針」によれば「市町村と適切な役割分担・連携を図りつつ、子どもに関する家庭その他からの相談に応じ、子どもが有する問題又は子どもの真のニーズ、子どもの置かれた環境の状況等を的確に捉え、個々の子どもや家庭に最も効果的な援助を行い、もって子どもの福祉を図るとともに、その権利を擁護すること（略）を主たる目的として都道府県、指定都市（略）及び児童相談所設置市（略）に設置される行政機関」とされています。

（5） 社会福祉の財政

社会福祉や社会保障を進めていくためには財源が必要となり、その財源をもとに必要な配分を進めていく財政上の組織も必要になってきます。

社会福祉の財政を考えるとき、社会保障給付費という概念があります。これは年金・医療・福祉その他の分野に分けられます。2022（令和4）年度予算ベースでは131兆1,000億円にもなっています。

これらの財源ですが、社会保険の場合は被保険者や事業主の保険料などによる拠出があります。そのほか国や地方公共団体の集めた税も投入されています。全体の割合としては少ないのですが、積立金の運用収入もあります。

社会福祉協議会は、法律上、民間組織ですが、行政からの補助金・委託費や介護報酬などで収入の大部分がまかなわれています。なお、民間の社会福祉事業の財源としては共同募金などがあります。

（今井　慶宗）

第5章 高齢者福祉

記　事

日常的に家事や家族の世話をする18歳未満の子ども「ヤングケアラー」の実態把握に向けた岡山市のアンケートで、市内の医療、介護、福祉の専門職や教職員らのうち「ヤングケアラーと思われる子どもがいる」と回答した人が2割に上ることが分かった。多くが幼いきょうだいを世話していた。市は「職種を絞ったアンケートのため、実態はもっと多い可能性がある」としている。（平田亜沙美）

ヤングケアラー 2割が「いる」

市が医療や福祉、教職員アンケート

「幼いきょうだい世話」最多

アンケートはケアが必要な人がいる家庭を訪問したり、支援計画を作成したりと世帯の状況を把握する立場にある主任児童委員、福祉事務所職員、保健師、介護支援専門員、医療従事者、教職員らを対象に1月に初めて実施。専用サイトを通じて1906人が回答した。

関わっている世帯にヤングケアラーと思われる子どもがいるかの問いに19・5％（372人）が「いる」、48・9％（931人）が「いない」と回答。「わからない」とした31・6％（603人）のうち約8割が「家庭内のことで問題が表に出にくく、実態把握が難しい」を理由に挙げた。

ヤングケアラーと思われる子どもの状況（複数回答）は283人が「家族に代わり、幼いきょうだいの世話」を挙げ、最も多かった。次に110人が「買い物、料理、洗濯、掃除などの家事」、52人が「障害や病気のある家族の身の回りの世話」、44人が「目を離せない家族の見守りや声掛け」とした。

ヤングケアラーと思われる子どもについて、市役所などの関係機関の支援につないだケースがあるかも尋ねた。63・4％が「つないだことはない」とし、28・1％が「関係機関の支援につないだ」、8・5％が「市役所に連絡した」と答えた。

外部の支援につながなかった理由の自由記述では「既に対応中」との声があった一方、「家庭内に踏み込めない」「つなぐ基準がわからない」と困惑する実態も浮かび上がった。

市保健福祉企画総務課は「子ども自身が声を上げることは難しく、周囲が異変に気付くことが重要。深刻な状況になる前に支援機関につなげられるように努めたい」としている。

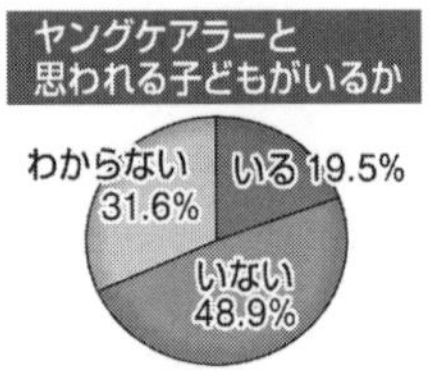

ズーム ヤングケアラー　本来大人が担うとされる家事や家族の世話を日常的にしている子どもを指す。年齢に見合わない重い責任や負担を背負うことで、学業や進路に影響を及ぼすだけでなく、健全な発育や人間関係の構築を阻むとされている。岡山市は、市内6カ所の「地域こども相談センター」で当事者や周囲の大人らからの相談を受け付けている。

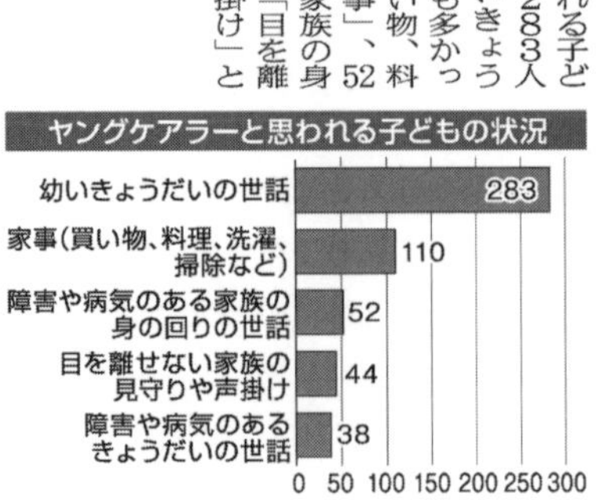

出典：2022年8月30日山陽新聞朝刊

1．調べてみましょう。

（1）ヤングケアラーとは、どのような人たちのことでしょうか。

（2）小学生を対象とした全国調査でも同様の結果になるか考えてみましょう。

（3）若者ケアラーである大学生を対象とした全国調査では、どのような結果になるか考えてみましょう。

（4） ヤングケアラー・若者ケアラーを支援する方法を考えましょう。

2．この記事を読んだ感想をまとめてみましょう。

3. 解　説

はじめに

日本の社会福祉制度は家族によるケア（介護）を大前提にしています。しかし、都市部への人口流出における地方の人口減問題、結婚に対する意識の変化による未婚化や晩婚化の進行問題、さらに世帯構造問題により、家族のケアの在り方についても考えていく必要があります。

世帯構造の視点から介護問題をみると、1980（昭和55）年の50.1%をピークに三世代世帯が減少し続けている一方で、2019（令和元）年には夫婦のみ世帯が32.3%、単独世帯28.8%と核家族が全体の61%を占め、1世帯当たりの世帯人員も2000（平成12）年の2.67人から2020（令和2）年には2.21人に減少しています。このように世帯構造の動向を概観するだけでも、介護を取り巻く人的環境が大きく変化していることが理解できます。

それに加えて要介護者の配偶者や子どもが介護する「老老介護問題」、高齢の親が障がいのある子どもを介護する「老障問題」、子育てと親族の介護を同時に行う「ダブルケア問題」、小学生・中学生が自らの兄弟姉妹・親・祖父母を介護する「ヤングケアラー問題」、18歳以上の若者が家族介護をする「若者ケアラー問題」が社会問題化しています。あらためて日本の介護問題を考えたとき、社会福祉領域を横断的に捉え、物事を俯瞰的に見ていく必要があります。そのため本章では、ヤングケアラーの記事から要介護者とケアを行う介護者の課題を横断的に考えてみます。

（1）ヤングケアラーとは、どのような人たちか

ヤングケアラーの増加は、少子高齢化や核家族化の進展、共働き世帯増加、家庭の経済状況の変化などさまざまな要因が挙げられます。特にCOVID-19感染流行が長期化する中で、福祉、介護、医療、教育等の連携が必要不可欠となっています。

ヤングケアラーの定義には法的根拠はないのですが、一般社団法人日本ケアラー連盟によると、「一般的に本来大人が担うとされる家事や家族の世話、感情面のサポートを日常的にしている18歳未満の子ども」とし、具体的には下記のような家事や介護、看病などを行う者としています。

① 障がいや病気のある家族に代わり、買い物・料理・掃除・洗濯など家事支援を行っている
② 家族に代わり、幼いきょうだいの世話をしている
③ 障がいや病気のあるきょうだいの世話や見守りをしている
④ 目を離せない家族の見守りや声かけなどの気づかいをしている
⑤ 日本語が第一言語でない家族や障がいのある家族のために通訳をしている
⑥ 家計を支えるために労働をして、障がいや病気のある家族を助けている
⑦ アルコール・薬物・ギャンブル問題を抱える家族に対応している
⑧ がん・難病・精神疾患など慢性的な病気の家族の看病をしている
⑨ 障がいや病気のある家族の身の回りの世話をしている
⑩ 障がいや病気のある家族の入浴やトイレの介助をしている

などが挙げられています。

（2）小学生を対象とした全国調査について

ヤングケアラーの実態に関する調査研究（単純集計）[1]によると、小学生が世話をしているのは「きょうだいの世話」が71.0%と最も高く、次いで母親19.8%と答えています。つまり、ここ

で使用した山陽新聞の記事にあるように、岡山市が実態調査に向けて市内の医療、介護、福祉の専門職や教職員にアンケート調査した“ヤングケアラー２割が「いる」”と、全国調査の結果が同じであることがわかります。

また父母と祖父母に対する世話別で概観すると、父母の世話をしている小学生は、父母の状況について、「わからない」が33.3%、次いで「その他」が19.6%となっています。その他の自由記述では、仕事で疲れている、（病気、障がい等はないが）家事を手伝っている、母親が妊娠中あるいは赤ちゃんがいるため、と答えています。祖父母の状況では、高齢（65歳以上）が63.0%であったほか、「介護（食事や身の回りのお世話）が必要」が21.0%、「認知症」が19.8%、「こころの病気、うつ病以外の病気」が12.3%と、父母の世話の場合と違い、実際にケアを実践していることがわかります。

世話を始めた年齢と１日のケアに費やす時間については、まず世話を開始した年齢は、10～12歳が40.4%、次いで７～９歳が30.9%と、小学生の高学年になるにつれてケアをしている児童が増加しており、世話をしている頻度は「ほぼ毎日」が52.9%、「平日１日あたりの世話に費やす時間」も、１～２時間未満が27.4%、２～３時間未満が17.6%となっています。具体的なケアの内容は、「見守り」(40.4%)、「家事（食事の準備や掃除、洗濯）」(35.2%)、「きょうだいのお世話や送り迎え」(28.5%)、「入浴やトイレのお世話」(18.9%)、「買い物や散歩に一緒に行く」(18.4%)の順に多くなっています。自由回答欄には、「休める場所、休める時間が必要」、「おじいちゃんやおばちゃんを無料でろうじんホームに入れてあげる」（原文ママ）、「相談できる場所が欲しい」などがあり、日常のケアに疲弊していることが理解できます。

（３） 若者ケアラーである大学生を対象とした全国調査について

大学生が「世話を必要としている（していた）」としている家族は、母親の割合が最も多く35.4%、次いで祖母の32.8%、きょうだい26.5%、父親20.5%となっており、小学生が最も世話をしている「幼いきょうだい」とは違った結果となっています。母親に対する世話で最も多いのが「精神疾患（疑い含む）」(28.7%）で、「その他」(23.5%)、「精神疾患、依存症（アルコール依存症、ギャンブル依存症など）以外の病気（疑い含む）」(14.9%)、「日本語を第一言語としない」(14.9%)、「依存症（アルコール依存症、ギャンブル依存症など）（疑い含む）」(5.7%）と続きます。ここでのその他の自由記述としては、「仕事が忙しい」「怪我」「特になし」等が含まれています。また父親の状況では、母親の状況と同様の内容で「その他」(22.8%）が多く、次いで「日本語を第一言語としない」(16.8%)、「高齢（65歳以上）」(16.3%)、「精神疾患、依存症（アルコール依存症、ギャンブル依存症など）以外の病気（疑い含む）」(13.9%）です。

祖父母の状況については、「高齢（65歳以上）」が最も多く、次いで「要介護（介護が必要な状態）」「認知症」「身体障がい」となっており、専門性の高い介護を要する生活支援を実践していることが理解できます。また、「きょうだい」について行っている（行っていた）世話の内容については、「家事（食事の準備や掃除、洗濯）」「見守り」「きょうだいの世話や保育所等への送迎など」「感情面のサポート（愚痴を聞く、話し相手になるなど）」「外出の付き添い（買い物、散歩など）」の順で高く、小学生から行ってきた「世話」を大学生になっても継続的に行っています。さらに、「世話をしている（していた）頻度」は、「ほぼ毎日」が最も高い45.9%で、「平日１日あたりに世話に費やす時間」は「１時間以上３時間未満」が最も高い割合でした。また世話を始めた時期は、「大学入学以降」「高校生から」「中学生から」の順に高くなっていることから、小学生のヤングケアラーがいることにとどまらず、年齢を重ねていけばいくほどケアラーが増加しているといえます。この介護問題の特徴は、「終わりのないマラソン」のようなものであることから、新たな視点で家族介護者を各種の福祉サービスにつなげるためにも、多機関連携によるケアラーへの支援の在り方を考えていく必要があります。

（4）ヤングケアラー・若者ケアラーを支援する方法について

「子どもの権利条約」においてヤングケアラーと関係の深いものを図1に挙げました。まず「子どもの権利条約」に定められた権利が侵害されている可能性がないかという視点が重要になります。

次にヤングケアラーの一般的な支援としては、①ヤングケアラーの発見、②本人や家族の意思確認、③リスクアセスメント・多機関連携の必要性の判断、④連携先の確認、⑤責任を持つ機関・部署の明確化、⑥課題の共有・支援計画の検討（ケース会議等）、⑦支援の実施、⑧見守り、⑨モニタリングが考えられます。

主な関係機関としては、児童福祉分野では、要保護児童に対し、関係機関で情報交換と支援の協議を行う「要保護児童対策地域協議会」、市区町村の児童福祉部門や家庭児童相談室、「児童福祉法」に基づいて設置される児童相談所や児童家庭支援センターなどが考えられます。教育分野では、市区町村の教育委員会、ヤングケアラーやきょうだいが通う学校があります。地域では、民生委員・児童委員などや、子ども食堂などの居場所などが挙げられます。これらの組織や団体に加えて、警察や医療機関、保健機

第3条	子どもにもっともよいことを
第6条	生きる権利・育つ権利
第12条	意見を表す権利
第13条	表現の自由
第24条	健康・医療への権利
第26条	社会保障を受ける権利
第27条	生活水準の確保
第28条	教育を受ける権利
第31条	休み・遊ぶ権利
第32条	経済的搾取・有害な労働からの保護
第36条	あらゆる搾取からの保護

図1　ヤングケアラーと関係が深い子どもの権利条件
出典：子どもの権制条約の中から抜粋[1)]

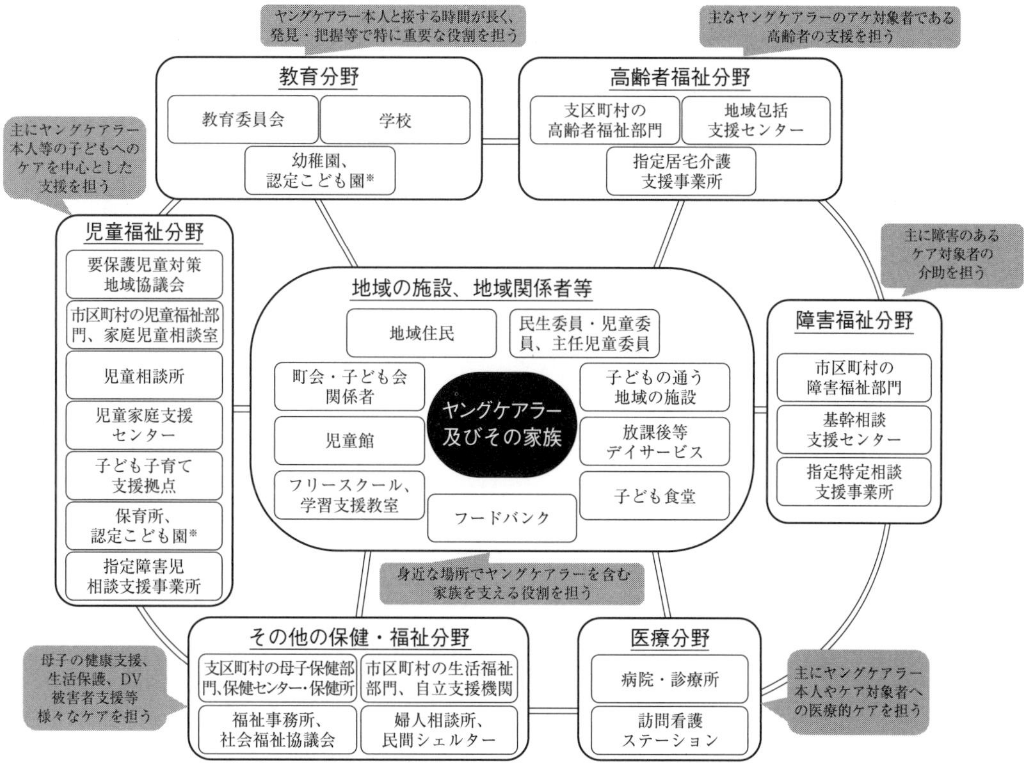

図2　ヤングケアラー及び家族を支える機関
出典：多機関・多職種連携によるヤングケアラー支援マニュアル[1)]

関、弁護士会などを含めて「支援対象児童等見守り強化事業」が実施されています。

その他、難病の患者の療養や日常生活上のさまざまな問題について、患者・家族その他の関係者からの相談に応じ、必要な提供・助言する「療養生活環境整備事業」の中の「難病相談支援センター事業」、幼少期からの慢性的な疾病に罹患している児童の自立促進を図る「小児慢性特定疾病児童等自立支援事業」、生活に困りごとを抱えている場合などは「生活困窮者自立支援制度」、貧困の連鎖を防止するためには「生活困窮者自立支援制度」の中の「子どもの学習・生活支援事業」もあります。先に述べた子どもの世話を受けている父母に多い精神疾患に関する支援としては「精神障がいにも対応した地域包括ケアシステム」があり、障がい保健福祉圏域ごとの保健・医療・福祉関係者による協議の場を通じて支援を行います。また障がいについては、地域の相談支援の拠点として総合的な相談業務（身体障がい・知的障がい・精神障がい）を担う「基幹相談支援センター」、そして高齢者分野では介護する家族の不安や悩みに答える相談機能を備えた「地域包括支援センター」が家族介護者支援を実施することになります。

最後に若者ケアラーを含むヤングケアラーは、学校で学ぶ機会・遊ぶ機会を奪われ、また結婚後も子育てと介護を同時に行うダブルケア問題に悩む日々が続くと考えられます。このように祖父母や親の介護、きょうだいの世話を担う10代から20代の介護課題を解決するには、児童、障がい、低所得、高齢分野などを横断的に支援する体制づくりが必要であり、また一人でも多くの国民がこの問題に意識をもってかかわる必要があります。

引用文献

1） 令和３年度子ども・子育て支援推進調査研究事業「多機関連携によるヤングケアラーへの支援の在り方に関する調査研究」多機関・多職種連携によるヤングケアラー支援マニュアル～ケアを担う子どもを地域で支えるために～有限責任監査法人トーマツ（厚生労働省老健局認知症施策・地域介護推進課）令和４年４月22日
https://www.wam.go.jp/gyoseiShiryou-files/documents/2022/0425105001706/ksvol.1070.pdf （最終閲覧日 2023年２月15日）

参考文献

ヤングケアラーの実態に関する 調査研究報告書　株式会社日本総合研究所　令和４年３月

令和３年度子ども・子育て支援推進調査研究事業「多機関連携によるヤングケアラーへの支援の在り方に関する調査研究」多機関・多職種連携によるヤングケアラー支援マニュアル～ケアを担う子どもを地域で支えるために～有限責任監査法人トーマツ　令和４年３月（厚生労働省老健局認知症施策・地域介護推進課）

厚生労働省・文部科学省におけるヤングケアラー支援に係る取組について
厚生労働省・文部科学省　令和３年３月17日
https://www.mhlw.go.jp/content/11907000/000753053.pdf （最終閲覧日　2023年２月15日）

（小倉　毅）

記　事

家族らによる高齢者虐待最多

20年度1万7281件

厚生労働省は24日、家族や親族らによる高齢者への虐待が、２０２０年度は過去最多の１万７２８１件に上ったと発表した。新型コロナウイルス感染拡大に伴う介護の利用控えや、外出自粛により、家族らが高齢者と一緒にいる時間が増え、介護疲れやストレスが積み重なったことが影響した可能性がある。

一方、介護事業所職員による虐待は、初めて減少に転じた。ただ担当者は「家族からの相談が減っている。コロナによる面会制限で、虐待に気付きにくくなったと推測される」と指摘した。

家族らによる虐待は、前年度比３５３件増。これまでの最多は18年度の１万７２４９件だった。20年度の虐待を種類別（複数回答）に見ると、暴力や拘束といった身体的虐待の68％が最多。暴言などの心理的虐待41％、食事を取らせないなどの介護等放棄19％と続いた。殺人などで死亡したのは前年度から10人増の25人だった。

発生要因は虐待者の「介護疲れ・ストレス」「精神状態が安定していない」のほか、高齢者の状況では「認知症の症状」が多かった。虐待したのは息子が40％で最も多かった。

都道府県別では、岡山２８２件、広島３７０件、香川１１３件だった。

介護職員による虐待件数は５９５件で、前年度と比べ49件減った。都道府県別では、岡山７件、広島５件、香川７件。死亡事例は3人。自治体への相談・通報件数は１７０減の２０９７件だった。家族や親族からの相談・通報は４９９件から３３２件に減った。

出典：2021年12月25日山陽新聞朝刊（共同通信配信）

1．調べてみましょう。

（1） 養護者による虐待の通報経路と、発生要因を考えましょう。

（2） 養介護施設従事者の虐待件数と、通報経路、発生要因について考えましょう。

（3） 高齢者虐待を受けた被虐待高齢者の中で、「身体拘束」を受けた方がいます。身体拘束の具体例を考えてみましょう。

（4） 身体拘束がもたらす多くの弊害と、「緊急やむを得ない」対応について調べましょう。

（5） 高齢者が不当な扱いや虐待の疑われる場合のサインを考えてみましょう。

2. この記事を読んだ感想をまとめてみましょう。

3. 解　説

（1） 養護者による虐待の通報経路と、発生要因について

新聞記事には、2020（令和2）年度の虐待件数が過去最多の1万7,281件に上ったとあります。これは記事に書かれている通り、COVID-19（コロナ）の感染が拡大し緊急事態宣言が発布されたことで、居宅サービスの利用者の人数制限などが設けられたことにより、要介護高齢者が自宅で過ごす時間が増加したことに加え、介護者も在宅勤務・自宅待機者が増加した結果です。

また虐待は通報があることにより調査が始まります。1件に対して複数の者からの相談・通報が寄せられる場合があるため、今回は3万5,774件の相談・通報数となっており、その内訳としては、警察が31.2%で最も多く、次いで介護支援専門員が25.4%、家族や親族が8.1%で、相談・通報の受理から虐待判断までの期間の中央値は2日間という短い期間で認定されています。

虐待の発生要因（複数回答）は、虐待者の「性格や人格（に基づく言動）」が57.9%、被虐待者の「認知症の症状」「介護疲れ・介護ストレス」が挙げられ、虐待種別も身体的虐待、心理的虐待、介護放棄、経済的虐待の順に多くなっています。また虐待を行った養護者（虐待者）との同居・別居状況については、「虐待者のみと同居者」（52.4%）と「虐待者および他家族と同居」（36.0%）の順に高くなっています。なお虐待を行った家族は、息子が最も多く、夫、娘の順番でした。

（2） 養介護施設従事者の虐待件数と、通報経路、発生要因について

上記と同年の要介護施設従事者等の虐待件数は595件、相談・通報件数は2,097件となり、前年度の虐待件数に比べると虐待件数がマイナス7.6%、相談・通報件数はマイナス7.5%と発生件数も含めて減少しています。

通報者経路では、「当該施設職員」（26.7%）、「当該施設管理者等」（14.5%）、「家族・親族」（13.9%）です。事実確認については、相談・通報の受理から虐待判断までの期間の中央値は34日でした。

発生要因の複数回答では、「教育・知識・介護技術等に関する問題」（48.7%）、「虐待を助長する組織風土や職員間の関係の悪さ、管理体制等」（22.2%）、「職員のストレスや感情のコントロールの問題」（17.1%）、「倫理観や理念の欠如」（14.6%）、「人員不足や人員配置の問題及び関連する多忙さ」（10.6%）が挙げられています。

虐待の種類別では、身体的虐待、心理的虐待、介護等放棄、性的虐待、経済的虐待の順です。被虐待高齢者のうち、25.7%が「身体拘束あり」でした。

（3） 身体拘束の具体例について

身体拘束の具体例としては、次のことが挙げられます。①徘徊しないように、車いすやいす、ベッドに体幹や四肢を紐で縛る。②転落しないように、ベッドに体幹や四肢を紐で縛る。③自分で降りられないように、ベッドを柵（サイドレール）で囲む。④点滴・経管栄養のチューブを抜かないように、四肢を紐で縛る。⑤点滴・経管栄養等のチューブを抜かないように、または皮膚をかきむしらないように、手指の機能を制限するミトン型手袋等をつける。⑥車いすやいすからずり落ちたり、立ち上がったりしないように、Y字型拘束帯や腰ベルト、車いすテーブルをつける。⑦立ち上がる能力のある人の立ち上がりを妨げるようないすを使用する。⑧脱衣やおむつはずしを制限するために、介護衣（つなぎ服）を着せる。⑨他人への迷惑行為を防ぐために、ベッ

ドなどに体幹や四肢を紐等で縛る。⑩行動を落ち着かせるために、向精神薬を過剰に服用させる。⑪自分の意思で開けることのできない居室等に隔離する。

（4） 身体拘束がもたらす多くの弊害と、「緊急やむを得ない」対応について

身体拘束を行うことによって、①身体的弊害（関節の拘縮、筋力の低下、食欲の低下等）、②精神的弊害（尊厳の侵害、認知症の進行、家族に対する精神的苦痛等）、③社会的弊害（職員の士気低下、心身機能の低下による医療的処置の増加等）があることを理解しましょう。

また「緊急やむを得ない場合」とは、①切迫性：利用者本人または他の利用者等の生命または身体が危険にさらされている可能性が著しく高いこと、②非代替性：身体拘束その他の行動制限を行う以外に代替する介護がないこと、③一時性：身体拘束その他の行動制限が一時的なものであることの3つの要件を満たし、その要件を職員間や家族が確認し、記録に残す必要があります。身体拘束は広義の高齢者虐待であることを理解しましょう。

（5） 高齢者が不当な扱いや虐待が疑われる場合のサインについて

高齢者虐待の早期発見に役立つ12のサインがあります。

1. 身体に不自然な傷やアザがあり、（高齢者自身や介護者が）説明もしどろもどろ
2. 脱水症を甘くみることは禁物。十分な水分補給が必要 → 家族が意図的に高齢者の水分補給を制限しているなどが想定される場合
3. 部屋の中に衣類、おむつ、食べかけの食事、食べ残しが散乱
4. 外で食事するとき、一気に食べてしまう → 高齢者自身が自分で食事の準備をしたり、食べたりできない場合
5. 必要な薬を飲んでいない、服薬の介助をしていない
6. 強い無力感、抑うつ、あきらめ、投げやりな態度が見られる
7. 落ち着きがなく、動き回ったり異常によくおしゃべりする → 認知症高齢者で、自傷行為や体の揺すり、指しゃぶり、かみつき、不定愁訴や言葉の繰り返しなどの落ち着きない状態がある場合
8. 「年金をとりあげられた」と高齢者が訴える → 十分な年金収入があるにもかかわらず、生活費に困窮したり、身に覚えのない借金の取立てが来るなど
9. 高齢者を介護している様子が乱暴に見える
10. 家族が福祉・保健・介護関係の担当者を避ける
11. 家の中から、家族の怒鳴り声や高齢者の悲鳴が聞こえる
12. 天気が悪くても、高齢者が長時間、外にたたずんでいる、あるいは昼間、姿を見かけなくなった、窓が閉まったままなど → この状態が継続する場合

このようなサインは、虐待を早期に発見するための観察ポイントです。そのため、虐待を受けていると断定するのではなく、これまでの日常生活態度との違いを観察していくことが必要です。さらに疑いがある場合は、市役所や地域包括支援センター、警察、民生委員などに相談することが大切です。

参考文献

令和２年度「高齢者虐待の防止、高齢者の養護者に対する支援等に関する法律」に基づく対応状況等に関する調査結果
https://www.mhlw.go.jp/content/12304250/000871876.pdf （最終閲覧日　2023年２月15日）
「早期発見に役立つ12のサイン」（財団法人厚生労働問題研究会）
「市町村・都道府県における高齢者虐待への対応と養護者支援について」（平成30年３月改訂）「Ⅱ養護者による虐待への対応（市町村における業務）」 厚生労働省

（小倉　毅）

第6章　介護保険

記　事

必要な介護 諦めるしか…

「原則2割負担」 財政審が提案

二〇二四年度の介護保険料・介護報酬の改定に向け、利用者の負担を増やす案が浮上している。財政制度等審議会は五月に財務相に提出した建議で、自己負担を原則二割に上げることやケアプランの有料化などを提案。二一年度の前回改定では見送りになったが、介護の現場からは「もう負担増は避けられないのでは。実行されればサービスが必要でも諦める人が増える。各党は参院選の争点にするべきだ」との声が上がる。（五十住和樹）

参院選 7・10

「二割負担となれば、今のサービスを断念するしかない」。埼玉県新座市で介護事業を手がけるNPO法人「暮らしネット・えん」代表理事の小島美里さん(七〇)は、自宅で一人暮らしをしている八十代の男性利用者の今後を心配する。

男性は認知症で要介護1。毎日、体調などに応じて訪問（電話による服薬や安否の確認を含む）、通い、宿泊のいずれかのサービスを受けながら生活を維持している。この小規模多機能型居宅介護の一カ月の利用料は定額。現在は食費などを含め約三万五千円だが、自己負担割合が一割から二割に変われば、五万円近くに跳ね上がる計算だ。男性の年金収入を考えると、利用を諦めざるを得ない。

その場合、訪問介護や通所介護などの組み合わせに切り替えるしかないが、高血圧などの服薬管理や安否確認を毎日できず、病状のコントロールが困難になりかねない。施設入所すれば安全だが、有料ホームは経済的に難しい。小島さんは「負担増は介護保険の持続可能性を確保するためというが、制度は持続してもお年寄りが捨て置かれたままになる。どうしてくれるんだという気持ち」と憤る。

自己負担は基本的に所得に応じて異なり、一五年から一定所得以上の人は二割に。一八年には現役並み所得の人に三割負担が導入された。利用者の約九割は一割負担で、一律二倍になれば影響は大きい。

厚生労働省によると、要介護認定を受けている人は昨年四月時点で約六百八十四万人。そのうち実際に介護サービスを使った人は約五百七万人にとどまる。社会福祉の情報を集約・発信する「市民福祉情報オフィス・ハスカップ」（東京）を主宰する小竹雅子さん(六五)は「サービスが必要なのに使わない百万人を超える人のうちの一定数は、費用負担が原因だ。経済的な理由で利用を諦める人を増やす政策は国民の不信感を広げる」と指摘する。

ケアプランは有料化案　家族の離職 誘発も

介護給付の縮小も進む。要支援の利用者の訪問介護と通所介護は一七年度末までに介護給付の対象から外され、予算の制限がある自治体の「介護予防・日常生活支援総合事業」に移行された。今回の建議は「軽度者（要介護1と2）も総合事業へ移行する」ことを検討するよう求めている。

小島さんは「要介護1と2は一人歩き（徘徊《はいかい》）をするような認知症の人も多く、軽度者ではない。ヘルパー不足の中で報酬の少ない事業を行う業者は多くなく、利用者が必要なサービスを受けられない事態を招く」と懸念する。

ケアマネジャーが利用者の状態や要望に応じて作るケアプランの有料化も、以前の建議に続いて提唱された。東京都渋谷区でケアマネの事業所を運営する服部万里子さん(七五)は「困り事があっても相談する人が減りそう。高齢者の状態は変化しやすく、ケアマネが入らなければ生活の質の低下や虐待を見過ごす危険がある。介護離職も誘発しかねない」と訴える。

財政制度等審議会の建議が示した介護分野の主な負担増など

- ► 介護保険の自己負担を原則2割に、または2割負担の対象拡大
- ► ケアプランの有料化
- ► 老健施設や介護医療院などの多床室の室料を自己負担に
- ► 要介護1と2の人の訪問介護、通所介護を保険給付外に
- ► 福祉用具レンタルだけのケアプランの報酬引き下げ

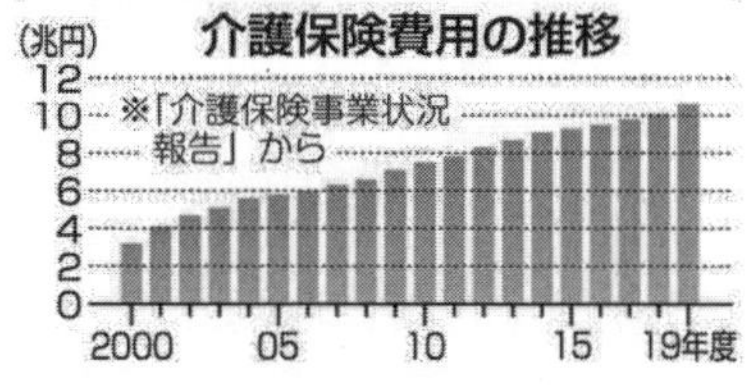

出典：2022年6月29日東京新聞朝刊

1．言葉を調べてみましょう。

（1） 要介護（要支援）認定とはどのようなものか調べてみましょう。

（2） 介護支援専門員（ケアマネジャー）とはどのような職業なのか調べてみましょう。

（3） ケアプランとは何か調べてみましょう。

（4） 介護予防・日常生活支援総合事業とは何か調べてみましょう。

（5） 介護保険法に基づくサービスについてどのようなものがあるか調べてみましょう。

2. この記事を読んだ感想をまとめてみましょう。

3. 解　説

（1） 要介護（要支援）認定

介護保険制度では、寝たきりや認知症等で常時介護を必要とする状態（要介護状態）になった場合や、家事や身支度等の日常生活に支援が必要であり、特に介護予防サービスが効果的な状態（要支援状態）になった場合に、介護サービスを受けることができます。要介護認定は、介護サービスの必要度（どれくらい、介護のサービスを行う必要があるか）を判断するものです[1)]。認定の結果は、非該当（自立）、要支援１～2、要介護１～５の判定があります。

（2） 介護支援専門員（ケアマネジャー）

介護支援専門員は介護保険制度発足と共に新しく創設された資格であり、職業です。また、「介護保険法」において、厚生労働省令で定める実務の経験を有する者であって、都道府県知事が厚生労働省令で定めるところにより行う試験（介護支援専門員実務研修受講試験）に合格し、かつ、都道府県知事が厚生労働省令で定めるところにより行う研修（介護支援専門員実務研修）の課程を修了したものは、厚生労働省令で定めるところにより、当該都道府県知事の登録を受けることができるとされています（法第69条の2を要約）。

介護支援専門員の実務研修受講試験の受講資格については、一定の職種で５年以上かつ900日以上の実務実績が必要です。一定の職種とは、医師、歯科医師、薬剤師、保健師、助産師、看護師、准看護師、理学療法士、作業療法士、社会福祉士、介護福祉士、視能訓練士、義肢装具士、歯科衛生士、言語聴覚士、あん摩マッサージ指圧師、はり師、きゅう師、柔道整復師、栄養士（管理栄養士を含む）、精神保健福祉士の国家資格及び、生活相談員、支援相談員、相談支援専門員、主任相談支援員といった相談援助業務従事者となっています。また、2018（平成30）年度より、これまで受講資格の対象であった、介護職員初任者研修等の資格を保有していて５年間介護等の業務に従事した者や、10年間介護等の業務に従事した者（無資格可）については受講資格から除外されるなど一部変更となりました。

介護支援専門員は、介護保険サービスを利用するものに対して、介護サービスの計画書（ケアプラン）の作成、計画の実施状況の確認（モニタリング）、サービスの事業者との連絡調整などを行う専門職です。主に居宅介護支援事業所や介護保険施設などに配置されています。

（3） ケアプラン

公的介護保険制度のサービス実施にあたっては、居宅サービス計画、介護予防サービス計画、いわゆるケアプランの立案が必要です。ケアプランをもとに、サービス事業所との連絡調整を経てサービスが実施されます。ケアプランの立案については、自ら計画を作成することもできますが、介護支援専門員にケアプランの立案、作成を依頼し、事業所との連絡調整などを担ってもらうことができます。また、施設サービスを利用する場合も、施設サービス計画が必要になってきます。

（4） 総合事業（介護予防・日常生活支援総合事業）

総合事業（「介護保険法」では、「介護予防・日常生活支援総合事業」として定められています）は、市町村が中心となって、地域の実情に応じて、住民等の多様な主体が参画し、多様なサービスを充実させることで、地域の支え合い体制づくりを推進し、要支援者等に対する効果的かつ効率的な支援等を可能とすることを目指すものです[2)]。

総合事業は、NPO法人やボランティア、介護保険事業者などの地域の関係者が力を合わせて、高齢者の在宅生活を支える事業です。

2014（平成26）年の改正「介護保険法」により、予防給付のうち訪問介護、通所介護が全国一律の基準のものから地域支援事業（市町村事業）に移行し、市町村が地域の実情に応じた独自の取り組みができるようになりました。その実施に当たっては、地域の多様なつながりの中で、柔軟な形で必要な支援を受け、高齢者自らも地域にかかわっていく互助の活動を広げていくことにより、高齢者の生活支援体制の整備と高齢者の活力ある生活の維持（介護予防）を両立させていくことが求められています[3)]。

（5）介護保険法に基づくサービス

「介護保険法」に基づくサービスについては、居宅サービス、施設サービス、介護予防サービス、地域密着型サービスなど、26種類54サービスがあります。

居宅サービスには、訪問介護、訪問入浴、訪問看護や訪問リハビリテーション等、排泄介護や入浴介護、看護、リハビリなどのサービスを自宅で受けるものや、通所介護、通所リハビリテーション、短期入所生活介護等、通所や短期入所により自宅以外でサービスを受けるものなどがあります。また、福祉用具購入や住宅改修などの費用が支払われるものもあります。施設系のサービスについては、介護老人福祉施設、介護老人保健施設等に入所し、日々の介護や看護、リハビリテーション、療養などのサービスを受けることができます。地域密着型サービスは、小規模多機能型居宅介護や夜間対応型訪問介護、グループホーム（認知症対応型共同生活介護）などのサービスがあります。

注

1）厚生労働省「要介護認定に係る制度の概要」https://www.mhlw.go.jp/topics/kaigo/nintei/gaiyo1.html （最終閲覧日　2022年9月2日）

2）厚生労働省「総合事業（介護予防・日常生活支援総合事業）」https://www.mhlw.go.jp/stf/seisakunitsuite/bunya/0000192992.html （最終閲覧日　2022年8月16日）

3）大阪府「介護予防・日常生活支援総合事業」https://www.pref.osaka.lg.jp/kaigoshien/ikigai/sogo_jigyo.html （最終閲覧日　2022年8月16日）

（藤田　了）

記　事

介護疲れ殺人相次ぐ

県内で

家族の介護を一人で背負う介護者が、要介護の妻や夫、子どもを傷付けたり、最悪の場合は殺害してしまう事件が県内でも後を絶たない。こうした事件では、介護者が「迷惑をかけたくない」などの理由で周囲からの支援を受けていないケースも見られる。新型コロナウイルスの感染拡大で孤立する介護者が増えることも懸念され、専門家は家族介護を支援する法整備が必要だと指摘する。

（杉原雄介）

「迷惑かけたくない」 支援拒否→孤立も

「今でも息子と家内を愛している」。九月二十九日にさいたま地裁であった裁判。昨年一月、ともに統合失調症を患う長男＝当時(三二)＝を殺害し、六十代の妻も殺そうとしたとして、殺人と殺人未遂の罪に問われたさいたま市の無職男性(六九)＝懲役四年が確定＝は、最終陳述で声を震わせながら二人への思いを絞りだした。

男性は法廷で、長年にわたり長男と妻を世話する中、「一緒に死んでほしい」との思いが突発的に浮かんで犯行に及んだと説明。判決では事件当時、男性も重度のうつ病を発症していたことが認定された。二人の世話を「自分でやらなければという責任感」から、親族からの支援の申し出を断ったこともあるという。一家に行政の支援があったかについては、さいたま市の担当者は「個人情報なので答えられない」としている。

コロナで状況悪化

同地裁では九月にも、羽生市の自宅で三月に夫＝当時(七二)＝を殺害した無職女性(七一)＝懲役三年が確定＝の裁判があった。女性は被告人質問などで、皮膚病を患う夫を一人で世話し、将来を悲観して殺害に至ったと説明。別居の娘二人には「絶対に迷惑をかけたくない」として、助けを求めることはなかったという。

県によると、二〇一八年度に家族などから虐待を受けたとみられる高齢者は六百十六人で、うち58%は要支援や介護認定を受けていた。一方、虐待者は年齢が判明している五百八十二人のうち、高齢者が百八十二人と三割以上を占め、老老介護の中で虐待が起きていることがうかがわれる。

高齢介護者の孤立について、県福祉部の担当者は「他者との交流を避けたり、介護認定の申請を恥ずかしがるなどの理由で、行政や周囲からの支援を拒否する人は一定数いる」と指摘。行政が把握できていないケースもあり、担当者は「県内は移住者が多いことや、核家族世帯の増加で地域のつながりが希薄になっている。地域の人が声かけや見守りをするのが望ましいが、難しい状況だ」と課題を口にする。

さらに、コロナ禍による状況の悪化も懸念される。さいたま市は従来、二十七カ所の地域包括支援センターの職員が高齢者世帯を定期的に訪れ、生活状況などを確認してきたが、新型コロナの感染拡大後は電話での対応が中心となっている。

市いきいき長寿推進課の担当者は「高齢者が対面を避ける傾向が強まっている。家にこもりがちになると心身への悪影響も考えられるが、電話だけだと状態が把握しにくい」と頭を悩ませる。さいたま市の男性や羽生市の女性の事件は、コロナ禍が本格化する前に起きており、取り巻く状況はより深刻化している可能性がある。

法のサポートを

高齢者介護政策が専門の岡村裕教授（杏林大）は「国は介護離職対策などを優先しているが、介護殺人や心中も増えており対策が必要」と指摘する。本来は介護サービスの充実が望ましいが、介護人材の不足などから家族介護に頼らざるを得ないとした上で、「家族介護を支援する法律は現状では存在しない。経済的負担の軽減や家族介護者をケアする支援法をつくり、周囲から孤立した介護者の存在を把握する取り組みに予算を充てる必要があるのでは」と提起した。

さいたま地裁では9月以降、介護絡みの家族間での殺人事件3件で実刑判決が言い渡された

県内で起きた主な介護関連の事件

発生時期・場所	概　要
2020年７月 春日部市	介護する妻(83)を殺害した容疑で夫(81)を逮捕
20年５月 さいたま市見沼区	介護する母(60)を殺害した容疑で娘(26)を逮捕
20年３月 羽生市	皮膚病を患う夫(72)を妻(71)が殺害
19年10月 狭山市	身の回りの世話をする母(71)から厳しくしかられ、息子(40)が母を殺害
19年１月 さいたま市浦和区	無職男性(67)が統合失調症を患う長男(31)を殺害し、妻(64)も殺そうとした

※概要は裁判の判決や県警などへの取材による。年齢は当時

News スポット

出典：2020年10月22日東京新聞朝刊

1. 言葉を調べてみましょう。

（1） 地域包括支援センターとはどのようなところなのか調べてみましょう。

（2） 老老介護とはどのようなことか調べてみましょう。

（3） 高齢者虐待防止法について調べてみましょう。

（4） 地域包括ケアシステムについて調べてみましょう。

（5） 家族介護について「コロナ禍」の影響とはどのようなものがあるのか考えてみましょう。

2. この記事を読んだ感想をまとめてみましょう。

3. 解　説

（1） 地域包括支援センター

地域包括支援センターは、「地域住民の心身の健康の保持及び生活の安定のために必要な援助を行うことにより、その保健医療の向上及び福祉の増進を包括的に支援することを目的とする施設」（「介護保険法」第115条の46）と規定されています。つまり、高齢者が住み慣れた地域で安心して過ごすことができるように、包括的及び継続的な支援を行う「地域包括ケア」を実現するための中心的役割を果たすことが地域包括支援センターに求められています。地域包括支援センターには、包括的支援事業等を適切に実施するため、原則として主任介護支援専門員その他これに準ずる者（主任介護支援専門員に準ずる者とは、所定のケアマネジメントリーダー研修を修了し、介護支援専門員としての実務経験を有し、かつ、介護支援専門員の相談対応や地域の介護支援専門員への支援等に関する知識及び能力を有している者をいう）、社会福祉士その他これに準ずる者（社会福祉士に準ずる者とは、福祉事務所の現業員等の業務経験が5年以上又は介護支援専門員の業務経験が3年以上あり、かつ、高齢者の保健福祉に関する相談援助業務に3年以上従事した経験を有する者をいう）、保健師その他これに準ずる者（保健師に準ずる者とは、地域ケア、地域保健等に関する経験のある看護師をいう。なお、この経験のある看護師には准看護師は含まない）が配置されています。

また、介護保険制度をはじめとする市町村の介護・福祉行政の一翼を担う「公益的な機関」として、公正で中立性の高い事業運営を行う必要があります。特定の事業者等に不当に偏ったような活動は厳禁とされています。地域包括支援センターの運営費用が、国民の介護保険料や国・地方公共団体の公費によってまかなわれていることを十分に認識したうえでの活動が求められます。求められる「公益性」の視点は、市町村直営のみならず、法人委託のケースにおいても同様です。地域住民が住み慣れた地域で安心して尊厳あるその人らしい生活を継続することができるように、地域のサービス提供体制を支える中核的な存在です。それだけに各地域の特性や実情を踏まえた柔軟な事業運営を行う必要があります。このため、「地域包括支援センター運営協議会」をはじめ、さまざまな場や機会を通じて、地域のサービス利用者や事業者、関係団体、一般住民等の意見を幅広く汲み上げ、日々の活動に反映させるとともに、地域が抱える課題の解決に積極的に取り組んでいくことが重要な業務の1つといえます。

（2） 老老介護

老老介護とは、一般的に介護が必要な高齢者の介護を高齢者が行うことをいいます。65歳以上の高齢の夫婦の場合もあれば、高齢の親を高齢の子どもが介護する場合や、兄弟姉妹などの関係の場合もあります。また90歳代の高齢者が、70歳代の子や子の配偶者を介護しているケースも皆無ではありません。また、高齢の認知症患者の介護を認知症である高齢の家族等が行う状況を、認知症の頭文字を取って認認介護ということもあります。

（3） 高齢者虐待防止法

「高齢者虐待の防止、高齢者の養護者に対する支援等に関する法律」（平成17年法律第124号。以下「高齢者虐待防止法」という。）は、2006（平成18）年4月1日から施行されました。この法律では、高齢者の権利利益の擁護に資することを目的に、高齢者虐待の防止とともに高齢者虐待の早期発見・早期対応の施策を、国及び地方公共団体の公的責務のもとで促進することとしています。国民全般に高齢者虐待に係る通報義務等を課し、福祉・医療関係者に高齢者虐待の早期発見等への協力を求めるとともに、市町村における相談・通報体制の整備、事実確認や被虐待高齢者の保護に係る権限の付与、養護者への支援措置、養介護施設の業務又は養介護事業の適正な運営を確保するための関係法令に基づく市町村（特別区を含む。以下同じ。）、都道府県の適切な権限行使等について定めるものです[1)]。

（4） 地域包括ケアシステム

日本は、諸外国に例をみないスピードで高齢化が進行しています。65歳以上の人口は、現在3,500万人を超えており、2042（令和24）年の約3,900万人でピークを迎えますが、その後も、75歳以上の人口割合は増加し続けることが予想されています。このような状況の中、団塊の世代が75歳以上となる2025（令和7）年以降は、国民の医療や介護の需要が、さらに増加することが見込まれています。このため、厚生労働省においては、2025（令和7）年を目途に、高齢者の尊厳の保持と自立生活の支援の目的のもとで、可能な限り住み慣れた地域で、自分らしい暮らしを人生の最期まで続けることができるよう、地域の包括的な支援・サービス提供体制（地域包括ケアシステム）の構築を推進しています[2)]。

地域包括ケアシステムは、厚生労働省において推進されていて、2014（平成26）年2月に閣議決定された「地域における医療及び介護の総合的な確保を推進するための関係法律の整備等に関する法律案」で打ち出された内容の1つです。①新たな基金の創設と医療・介護の連携強化（「地域介護施設整備促進法」等関係）②地域における効率的かつ効果的な医療提供体制の確保（「医療法」関係）③地域包括ケアシステムの構築と費用負担の公平化（「介護保険法」関係）等を目指すものです。

（5） 家族介護について「コロナ禍」の影響とは

常時介護している家族にとって、抜きどころのないストレス等は在宅介護を継続していくには大敵といえるのではないでしょうか。介護から一定期間解放されたり、専門職者も含め第三者に話を聞いてもらうことなどで、介護者のストレスが軽減されると考えられます。長引くコロナ禍で、介護サービスの制限や介護者との対面での相談が制限されている現状も家族介護の状況を悪化させていることに影響しているのではないでしょうか。

注

1） 厚生労働省「I高齢者虐待防止の基本」https://www.mhlw.go.jp/file/06-Seisakujouhou-12300000-Roukenkyoku/1.pdf （最終閲覧日　2022年8月16日）

2） 厚生労働省「地域包括ケアシステム」https://www.mhlw.go.jp/stf/seisakunitsuite/bunya/hukushi_kaigo/kaigo_koureisha/chiiki-houkatsu/ （最終閲覧日　2022年8月16日）

（藤田　了）

第7章　身体障害者福祉

記　事

身体障害者の巡回相談始まる

津山皮切り　来年3月まで

医師らが身体・聴覚障害者の悩みや補装具に関する相談に応じる2022年度の県身体障害者巡回更生相談（県主催）が19日、津山市大谷の市障害者福祉センター神南備園を皮切りにスタートした。来年3月まで県内各地で計24回開かれる。

岡山市北区南方にある県身体障害者更生相談所に出向くのが難しい人が対象。初日は津山、美作市などから12人が訪れ、整形外科医らに補装具の使い方や着け具合、古くなったものの作り直しなどを相談していた。

相談は、県内医療機関や山陽新聞社会事業団などの協力で毎年実施。無料。問い合わせは同相談所（086―235―4577）。

今後の日程は次の通り。

【笠岡市】サンライフ笠岡＝6月7日、10月18日、2月7日【高梁市】市役所＝6月15日、11月10日、2月15日【備前市】市役所＝6月28日、1月24日【真庭市】北房文化センター＝7月8日▽久世エスパスセンター＝10月13日、2月17日【津山市】神南備園＝7月21日、9月22日、11月17日、1月19日、3月16日【新見市】市役所南庁舎＝7月29日、10月27日、12月16日【井原市】井原保健センター＝8月2日【美作市】美作保健センター＝8月29日▽大原保健センター＝11月21日【浅口市】市健康福祉センター＝12月6日

（山本唯菜）

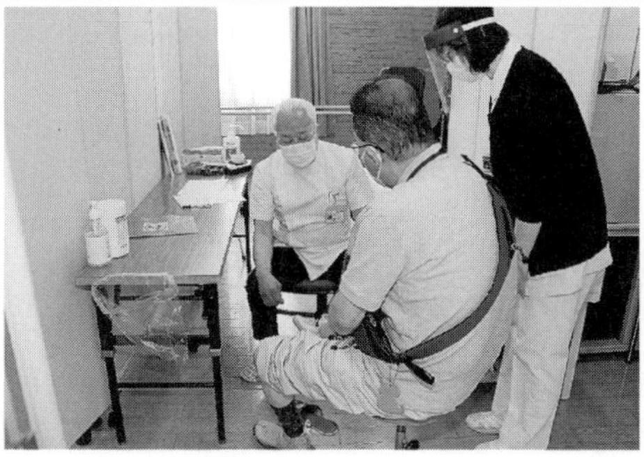
相談に応じる医師ら＝津山市障害者福祉センター神南備園

出典：2022年5月20日山陽新聞朝刊

1．調べてみましょう。

（1） 補装具にはどのような種類と用途があるでしょうか。

（2） 身体障害者更生相談所が行う相談活動と記事で紹介されている身体障害者等巡回相談について調べてみましょう。

（3） 聴覚障害者が日常生活を送るうえで、どのような困りごとがあると思いますか。

（4） 2022（令和4）年度の岡山県の身体障害者等巡回更生相談計画について調べましょう。

2．この記事を読んだ感想をまとめてみましょう。

3. 解　説

（1） 補装具について

厚生労働省は、補装具とは以下の３つの要件をすべて満たすものであると定義しています。「①身体の欠損又は損なわれた身体機能を補完、代替するもので、障害個別に対応して設計・加工されたもの、②身体に装着（装用）して日常生活又は就学・就労に用いるもので、同一製品を継続して使用するもの、③給付に際して専門的な知見（医師の判定書又は意見書）を要するもの」です。

補装具には、義肢、義眼、装具、車いす、座位保持装置、補聴器、歩行器、眼鏡、重度障害者意思伝達装置、視覚障害者安全つえ等があります。その中で義肢とは人工の手足のことを指し、装具は四肢・体幹の機能障害の軽減を目的として使用するもの、座位保持装置は自力で座位が保てない、椅子に座る姿勢がとれない場合に、その人に合わせて安定した座位が保てる装具のことを指します。

重度障害者意思伝達装置とは、重度の障害者が、他者とのコミュニケーションを取る際に用います。本体はパーソナルコンピュータで、操作に必要なスイッチ・リモコン類、プリンタが接続されています。

（2） 身体障害者更生相談所が行う相談活動と身体障害者等巡回更生相談

身体障害者更生相談所は、1949（昭和24）年の「身体障害者福祉法」制定当時から、身体障害者の更生に関する中核機関としてスタートしました。身体障害者更生相談所の主要目的は、身体障害者の社会参加と自立を促進することで、主な相談活動としては、①補装具に関すること、②自立支援医療（更生医療）に関すること、③身体障害者手帳の交付業務などがあります。

身体障害者等巡回更生相談については、岡山県を例にとり説明すると県北部、県西部等は、身体障害者更生相談所から遠距離である等の理由により、来所が困難な地域に住んでいる肢体不自由又は聴覚障害のある身体障害者の人を対象に、当該地域を巡回し、義肢・車いす・補聴器等の支給に必要な医学的判定等の業務を行っています。

（3） 聴覚障害者の日常生活での困りごと

聴覚障害者の日常生活での困りごととしては、障害の程度や内容、本人を取り巻く社会並びに環境状態において異なってきますが、共通のものとしては以下の声を頻繁に耳にします。

①　情報が入手しにくいので情報弱者となり、適切な行動が取りにくくなる。
②　電話認証の代行者が必要である。
③　電話での通話が困難であるため知人・友人との交流、仕事においても不利益を感じている。
④　インターホンが聞こえない等で来客、宅配等に気づかずに困る。
⑤　目覚まし時計やスマートフォンのアラームが役に立たず、一人暮らしのときに困る。
⑥　テレビは字幕付きの映画やドラマが中心となる。
⑦　就職できる幅が現実としては限られてくる。
⑧　授業や講義、講演会受講などによる学びが難しくサポーターの必要を感じた。
⑨　四六時中、耳鳴りに悩まされることがある。
⑩　車などを運転するときに、音での危険を察知できないので不安である。

（4）2022（令和4）年度の岡山県身体障害者等巡回更生相談計画

2022（令和4）年度の岡山の巡回更生相談計画は24の地域が対象で、すべての地域で肢体不自由者を対象にしており、そのうち半分が聴覚障害者も対象としています。

医療機関は、整形外科と言語聴覚科や耳鼻咽喉科などが担当しています。

表1　身体障害者等巡回更生相談計画表

番号	実施年月日	曜日	実施場所	市町村	管轄局	予定人員	相談科		担当医療機関	
							肢体	聴覚	整形外科	聴覚
1	令和4年 5月19日	木	津山市『神南備園』	津山市	美作	20	肢体		津山中央	－
2	6月7日	火	サンライフ笠岡	笠岡市	備中	20	肢体		岡大	－
3	6月15日	水	高梁市役所（3階大会議室）	高梁市	備中	20	肢体		岡大	－
4	6月28日	火	備前市役所	備前市	備中	20	肢体		労災	－
5	7月8日	金	北房文化センター	真庭市	美作	30	肢体	聴覚	日赤	日赤
6	7月21日	木	津山市『神南備園』	津山市	美作	30	肢体	聴覚	津山中央	はせがわクリニック
7	7月29日	金	新見市役所南庁舎	新見市	備中	30	肢体	聴覚	日赤	日赤
8	8月2日	火	井原保健センター	井原市	備中	30	肢体	聴覚	岡大	川大
9	8月29日	月	美作保健センター	美作市	美作	30	肢体	聴覚	岡山リハ	岡大
10	9月22日	木	津山市『神南備園』	津山市	美作	20	肢体		津山中央	－
11	10月13日	木	久世エスパスセンター	真庭市	美作	30	肢体	聴覚	岡山リハ	済生会
12	10月18日	火	サンライフ笠岡	笠岡市	備中	20	肢体		岡大	－
13	10月27日	木	新見市役所南庁舎	新見市	備中	20	肢体		岡山リハ	－
14	11月10日	木	高梁市役所（2階保健センター）	高梁市	備中	30	肢体	聴覚	岡大	川大
15	11月17日	木	津山市『神南備園』	津山市	美作	30	肢体	聴覚	津山中央	はせがわクリニック
16	11月21日	月	大原保健センター	美作市	美作	30	肢体	聴覚	岡山リハ	岡大
17	12月6日	火	浅口市健康福祉センター	浅口市	備中	20	肢体		岡大	－
18	12月16日	金	新見市役所南庁舎	新見市	備中	30	肢体	聴覚	日赤	日赤
19	令和5年 1月19日	木	津山市『神南備園』	津山市	美作	20	肢体		津山中央	－
20	1月24日	火	備前市役所	備前市	備前	20	肢体		労災	－
21	2月7日	火	サンライフ笠岡	笠岡市	備中	20	肢体		岡大	－
22	2月15日	水	高梁市役所（3階大会議室）	高梁市	備中	20	肢体		岡大	－
23	2月17日	金	久世エスパスセンター	真庭市	美作	30	肢体	聴覚	日赤	日赤
24	3月16日	木	津山市『神南備園』	津山市	美作	30	肢体	聴覚	津山中央	はせがわクリニック
計							24	12		

岡大：岡山大学病院
川大：川崎医科大学附属病院
日赤：岡山赤十字病院
労災：岡山労災病院
津山中央：津山中央クリニック
岡山リハ：岡山リハビリテーション病院
済生会：岡山済生会総合病院
はせがわクリニック：はせがわ耳鼻咽喉科クリニック

※受付・審査時間
津山市・真庭市（北岡・久世）・新見市・美作市：受付11：00～12：00　審査11：30～
高梁市・笠岡市・井原市・浅口市・備前市：受付10：30～11：30　審査11：00～

※新型コロナウイルス感染症対策のため変更または中止となる場合があります。最新の情報はホームページ等でご確認ください。
HP（https://www.pref.okayana.jp/page/dotall-29105.html.（最終閲覧日　2022年10月17日））

参考文献

身体障害者等巡回更生相談について―笠岡市ホームページ―https://www.city.kasaoka.okayama.jp/soshiki/20/35582.html　（最終閲覧日　2022年10月17日）

（伊藤　秀樹）

記 事

パラスポーツ通じ交流

総合体育館で大会 障害者ら100人

パラスポーツなどを通じて交流する参加者ら

津山市内の身体、知的、精神障害者らが集う「第24回ふれあいスポーツ大会」が、津山総合体育館（山北）で開かれ、参加者がパラスポーツなどを楽しんだ。

福祉施設や就労支援事業所の利用者、家族、職員ら約100人が参加して5月29日に開催。ボールを投げて目標球にどれだけ近づけられるかを競う競技で、東京パラリンピックでも有名になったボッチャなどを楽しんだ。

市在住の大道芸人チャーリーさんは手品やバルーンアートを披露。見事な手さばきで花束や人気アニメのキャラクターを作り上げ、参加者にプレゼントして会場を盛り上げた。

吉田伸治さん(55)＝川崎＝は「ボッチャは思ったほど真っすぐ転がらず難しかった。みんなと楽しくプレーできてよかった」と話した。

大会は市身体障害者福祉協会などでつくる実行委が開催。2020、21年は新型コロナウイルス禍で中止し3年ぶりに開いた。

（山根上貴）

出典：2022年6月3日山陽新聞朝刊

1．調べてみましょう。

（1） 身体障害者、知的障害者、精神障害者の法的定義や概念について調べましょう。

（2） パラスポーツについて説明し、その球技種目についても調べましょう。

（3） パラスポーツにおけるボッチャの魅力についてまとめてみましょう。

2. パラスポーツを通した交流により、今後どんなことが期待できるか自由に考えを書いてみましょう。

3. 解　説

(1) 身体障害者、知的障害者、精神障害者の法的定義・概念

「障害者基本法」第2条第1号では、「身体障害、知的障害、精神障害（発達障害を含む。）その他の心身の機能の障害（以下「障害」と総称する。）がある者であつて、障害及び社会的障壁により継続的に日常生活又は社会生活に相当な制限を受ける状態にあるもの」を障害者と定義しています。

身体障害者とは、「身体障害者福祉法」第4条によると（この法律の）「別表に掲げる身体上の障害がある18歳以上の者であつて、都道府県知事から身体障害者手帳の交付を受けたもの」をいいます。

知的障害者については、「知的障害者福祉法」では特に定義はされていませんが、アメリカ精神医学会の『DSM-5』（『精神疾患の診断・統計マニュアル』第5版）や世界保健機関（WHO）の『ICD-10』（『国際疾病分類』第10版）などの専門機関によると、①知能指数（IQ）が70未満、②日常生活や社会生活への適応能力が低い、③発達期（18歳まで）に生じているなどが共通する診断基準となっています。

精神障害者については「精神保健及び精神障害者福祉に関する法律」（精神保健福祉法）第5条では、「統合失調症、精神作用物質による急性中毒又はその依存症、知的障害、精神病質その他の精神疾患を有する者をいう」と定義されています。脳の器質的または機能的変化により心身にさまざまな影響が出て、働くことや日常生活に困難が生じる状態のことをいいます。統合失調症、気分障害（うつ病、双極性障害）、てんかん、薬物依存、高次脳機能障害などが疾病として挙げられます。なお、知的障害も精神障害者の定義に入っていますが、知的障害者の福祉施策は精神障害者とは別の範疇で行われます。

(2) パラスポーツと競技種目

パラスポーツとは、パラリンピック競技を指す言葉がその由来ですが、今日では、障害者が行うスポーツ全般を指す言葉となっています。現在、パラスポーツには以下のような競技種目があります。

• アーチェリー	• クロスカントリースキー	• デフサッカー
• アイスホッケー	• ゴールボール	• スノーボード
• アルペンスキー	• 5人制サッカー	• バイアスロン
• アンプティサッカー	• シッティングバレーボール	• パラ水泳
• カヌー	• CPサッカー	• パラパワーリフティング
• 車いすカーリング	• 柔道	• パラ射撃
• 車いす空手	• 自転車競技	• バドミントン
• 車いすテニス	• セーリング	• 馬術
• 車いすバスケットボール	• ソーシャルフットボール	• ボッチャ
• 車いすフェンシング	• 卓球	• 陸上競技　etc.
• 車いすラグビー	• テコンドー	

(3) パラスポーツにおけるボッチャの魅力

ボッチャは、重度脳性麻痺者や四肢重度機能障害者のために考案されたヨーロッパ発祥の競技です。ジャックボールという目標球に向けて、赤・青のボール6球ずつがどれだけ近づくことが

できるかを競います。投げたり転がしたりできますが、それができない場合は専用の勾配のついた滑り台を使用して、競技アシスタントにその旨を伝えて転がすことができます。

ボールは規定の範囲内であるなら大きさや柔らかさなどをカスタマイズすることができ、素材には規定がありません。選手は自分の身体やプレーの特徴などを加味しながら、転がるボールや止まるボールなどを使い分けています。

ボッチャはパラ五輪では、障害の程度によってクラス分けされますが、一般の大会やイベントなどでは障害の有無や老若男女にかかわらず、誰もが楽しめるスポーツとしてその魅力が発揮されています。

（伊藤　秀樹）

第8章 知的障害者福祉

記 事

知的障害受刑者集め支援

法務省 長崎に50人

再犯防止へ 初

全国展開も

法務省は14日、九州各県の刑事施設に入所し、知的障害やその疑いがある受刑者のうち約50人を長崎刑務所（長崎県諫早市）に集め、職業訓練や療育手帳取得など社会復帰の支援事業を一括して始めると発表した。必要なサポートを受けられず犯罪を繰り返す「累犯障害者」の更生に向けたモデル事業で、初の取り組み。年内の開始を目指し、事業の効果を検証した上で全国の他の施設での導入も検討する。

こうした人らへの先駆的支援で知られる諫早市の社会福祉法人「南高愛隣会」と業務委託契約を締結。刑務所に職員が常駐するなどし、ノウハウを活用する。

古川禎久法相は閣議後記者会見で「在所中から出所後まで、一貫性のある息の長い処遇・支援をするものだ。結果を踏まえ、さらなる展開も検討したい」と述べた。

法務省によると、２０２０年度の調査で、全国で知的障害やその疑いがある受刑者は１３４５人に上ったが、うち、医療費助成といった福祉サービスを受けるのに必要な療育手帳を取得しているのは４１４人（30・8％）にとどまる。

過去の別の調査では、再犯までの期間が1年未満だった知的障害者の割合は52％に上り、受刑者全体の39％より高い。短期間で再び犯罪に手を染めてしまう恐れが高いとされ、出所前から手厚い支援が必要だと指摘されてきた。

新たな事業では、受刑者の特性に応じた処遇計画を立て、対人関係の向上など出所後の就労を見据えたスキルを習得させる。療育手帳の取得を促し、福祉的な支援が必要な場合は、専門機関に引き継いで出所後もサポートする。南高愛隣会の具体的な協力内容は話し合って決めるが、会の専門職員が、受刑者に直接指導することも想定しているという。

ズーム

累犯障害者 知的障害などがあり、窃盗や無銭飲食といった犯罪を繰り返す人。刑務所から出た人に福祉の手が届いていないことが多く、長崎県諫早市の社会福祉法人「南高愛隣会」は、出所者らを福祉サービスにつなぐ「出口支援」に先駆けて取り組んできた。２００９年より、こうした支援を担う「地域生活定着支援センター」が全国各地に順次設置されている。

出典：2022年6月15日山陽新聞朝刊（共同通信配信）

1．調べてみましょう。

（1） 再犯と知的障害者の問題を調べてみましょう。

（2） 知的障害者の冤罪と重罰化について調べてみましょう。

2. この記事を読んだ感想をまとめてみましょう。

3. 解　説

（1） 再犯、とりわけ知的障害者の問題を考える

山本譲司さんの『獄窓記』や『累犯障害者』を読んでも、いろいろな資料を調べても再犯率の高さは無視できません。法務省もこの問題には気付いていて、社会福祉士の活用など司法と社会福祉の連携と協働を模索し始めています。

とりわけ知的障害者の再犯率は約7割にも及び、10回以上の再犯も約2割に達しています。この問題について、「刑務所に入るまでの経緯」「刑務所内の処遇」「出所を見すえた取り組み」の3点を考えてみたいと思います。

「入口」の問題としては、各種社会福祉サービスが利用されていないことがあげられます。特に「障害者手帳」の所持者の少なさが明らかです。わが国の「申請主義」は、知的障害者や精神障害者にとって利用が困難な仕組みで、それを補うアウトリーチが不可欠です。しかし現状はまったく不十分で、その対策がなされているとは言い難いです。

原因としては、担当する職員数の不足や職員の意欲の欠如が指摘できますが、それですまされる問題ではありません。社会福祉全般に言えることですが、利用できるサービスの情報が住民にしっかりと届いていないのです。行政側に「寝た子を起こすな」という雰囲気が感じられるのは、私だけでしょうか。利用者本位とは言えない状況がここに見いだせます。

「所内の処遇」では1908（明治41）年に制定された「監獄法」が、ようやく2005（平成17）年に改正されて「受刑者処遇法」（刑事施設及び受刑者の処遇等に関する法律）となりました。現在はさらに改正されて、「刑事収容施設法」（刑事収容施設及び被収容者等の処遇に関する法律）となっています。「管理あって処遇なし」の状態から、個別面接、グループでの認知行動療法や社会技能訓練などの教育プログラムが実施されるようになってきました。何よりも必要なのは、社会復帰を目指した処遇です。目標を持った処遇は、受刑者の日々の取り組みを充実させ、同時に処遇にあたる職員の意欲をかき立てるに違いありません。

「出口」の問題では、身元引受人の不在があげられます。家族・親族の結び付きの弱体化が顕著である現在、刑期を終えた人を引き受けようとする人がいません。更生保護施設は全国に103か所設置されていますが、ここへの入所に至った割合は0.1%に過ぎません。特に行き場のない重度の障害者が精神科病院に入院させられる状況は、認知症の高齢者の入院の場合と同じく、基本的人権を無視した処遇であるといえます。

一方、社会の中で更生できるように、保護観察所が地方裁判所の管轄区域ごとに置かれています。保護観察は保護観察所に配置される保護観察官と、地域で活動する保護司が協働して行っています。この保護司は非常勤・一般職の公務員という位置づけですが、近年、民生委員・児童委員と同じくなり手の不足に悩まされています。

刑期を終えて出所しても、生活していく手段がなければ犯罪に手をそめてしまうことは自然の成り行きです。安価な住宅と定期収入の得られる仕事と当面の生活資金と親切な支援者の4点は、最低限必要とされる内容です。しかもそれらは、出所までにとどこおりなく準備されなければなりません。出口を見据えた必要十分な取り組みが、再犯を防ぐ最も有効な処遇です。

最後に私たちの責任を述べておきたいと思います。再犯を重ねている人たちは、「刑務所の中よりも、外の社会の方が生きづらい」と語っています。多様性を認める社会づくりだとか、共生社会を目指す取り組みの推進だとかよく言われますが、現実は逆に厳しさを増しています。建て前だけの綺麗ごとに終わらない、本音の活動が強く求められています。

（2） 知的障害者の冤罪と重罰化

知的障害者が微罪でくり返し刑務所に入っている状況は、見過ごせない問題です。彼らには取り調べや刑事裁判に適切に対応する能力が備わっていないために、冤罪が発生したり重罰化が起こりやすいといえます。副島洋明さんは、惜しくも2014（平成26）年に亡くなりましたが、「知的障害者発達障害者刑事弁護センター」を立ち上げ、少数の弁護士たちと東奔西走しました。

私も「障害者の人権を守る会」の一員としてささやかな支援をしましたが、数か月ごとに送られてくるメールは、毎回直ぐに読み切れる分量ではありませんでした。守る会の発足1周年の際には上京して話すことができましたが、熱意に満ち溢れた方との印象を強く受けました。

逆に、それまで知的障害者の犯罪はお咎めなし、というある意味差別的なものだったのです。司法もマスコミも世間も無理解や及び腰状態で、社会福祉業界もその状態に甘えていた部分が見受けられました。山本譲司さんは「彼らに十分な支援さえ行き届いていれば、防げた事例は幾らでもあった。彼らは人生の大半を不遇なまま過ごしてきた被害者でもあった」とその著書『累犯障害者』の中で書いています。

参考文献

山本譲司『獄窓記』ポプラ社　2003年
山本譲司『累犯障害者』新潮社　2006年
副島洋明『知的障害者奪われた人権 ― 虐待・差別の事件と弁護』明石書店　2000年

（竹内　公昭）

記事

障害者虐待の防止

行動障害への理解広めよ

社説

深刻な事態が改めて浮き彫りになった。厚生労働省が先に発表した２０２０年度の障害者への虐待件数である。

家族や福祉施設・事業所の職員から受けた事例が２４００件あり、被害者は２６６５人に上った。前年度から１９８件、２６７人増え、いずれも過去最多だった。

特にやりきれないのが、家族が信頼して託した施設職員による虐待だ。６３２件あり、被害者は８９０人だった。暴力や拘束などの身体的虐待が53%を占め、被害者は知的障害が72%だった。

施設は職員と利用者の間に管理する、されるという上下関係ができやすいことは否めない。医療機関なども同様の環境と言え、入院患者への虐待防止を進める必要がある。

記憶に新しいのは、津山市の障害児入所施設で、知的障害のある男子高校生を虐待した上、施設に告発した元同僚を脅したとして、元職員２人が昨年秋、逮捕されたことである。岡山地裁津山支部が有罪判決を言い渡した。

こうした虐待はなぜ起きるのか。通報を受けた自治体の分析によると、その要因は職員の教育・知識・介護技術や感情コントロールに関する問題などが目立った。個々の職員はもちろん、施設としても支援の質向上を目指して研修などを充実させることが求められる。

厚労省の調査では、職員による虐待の被害者の3割には「行動障害」があった。知的障害と自閉症のある人が自分の体をたたいたり、食べられない物を口に入れたりすることなどで、対応が特に難しいとされる。

知的障害者の入所施設で激しい行動障害のある人を部屋に閉じ込めるなどの対応は、16年に殺傷事件が起きた相模原市の津久井やまゆり園でもあったことが分かっており、事件の背景になったとの見方もある。職員が「この人たちは何をしても分からない」などと考え、深刻な虐待につながる恐れがあるためだ。

行動障害は障害特性と環境のミスマッチで起こるとされる。自傷、他害行為などが激しい強度行動障害がある人への支援の充実や関係機関の連携強化などのため、岡山県は3月、福祉、医療関係者らでつくる自立支援協議会に専門の部会を設置した。

年数回開き、多様な立場から意見を交わした成果は県の施策に反映する。行動障害への理解をまずは広めてもらいたい。

行動障害のある人が地域社会で暮らす受け皿は少なく、家庭で世話をする家族は疲弊している。専門的な支援ができる人材の育成に向け、国は障害福祉事業所の職員を対象に13年度から研修を実施している。

日本自閉症協会などは全国に「行動障害支援センター」を置き、人材育成や支援の質を向上させるよう国に要望している。支援の拡充は喫緊の課題だ。

2022.5.6

出典：2022年5月6日山陽新聞朝刊

1．調べてみましょう。

（1）「施設が最後の砦」になっていない原因は何でしょうか。

（2） 虐待に遭いやすい人びとは誰でしょうか。また適切な対応とはどのようなものでしょうか。

2. この記事を読んだ感想をまとめてみましょう。

3. 解　説

（1）「施設が最後の砦」になっていない原因を考える

2000（平成12）年前後の社会福祉基礎構造改革は、施設と人員の拡大をもたらしましたが、一方で専門職人材の不足も顕わにしました。1988（昭和63）年の社会福祉士及び介護福祉士資格の法制化によって専門職としての体裁は整えられましたが、内実は十分とは言えません。筆記試験だけで取得できる国家資格は、現場で起こる複雑で多様なできごとの解決のためには十分ではないのです。公私の自由競争によってサービスの質の向上を図るという名目で、規制緩和が実施され民間業者の参入に途を拓きましたが、最初からコムスン事件[1] が起こったのです。今も新しい事業所が参入を続けていますが、利益の追求だけが目的ならば、これからも不祥事の発生は止まらないでしょう。社会福祉に限らないことですが、事業には社会的使命が伴います。社会福祉の施設や事業の目的は、利用者に豊かな生活を保障するというものです。その目的達成のために、施設長をはじめとして全職員で一丸となって実践に臨まなければなりません。それが十分でなければ、日々の実践は単なるルーティンの消化になってしまいます。それは職員の成長を阻むばかりでなく、主役である利用者に豊かな生活をもたらさないのです。

施設の実践には、マンネリやバーンアウトの危険性が高いといえます。利用者のわずかな変化を見逃さない鋭敏な感受性と、深い洞察力に基づいた実践が求められます。そこで虐待が起こってしまうようでは「言語道断」です。その背景を、監督する行政、運営主体の事業所、現場を取り仕切っている施設長や職員のすべてが問い直す必要があります。

2016（平成28）年に起こった「津久井やまゆり園」の元職員による多数の入所者の殺傷は、世界でも類を見ない酷い事件です。2020（令和2）年に厚生労働省が発表した統計では、施設職員による虐待数が632件、被害者は890人という数字が明らかにされましたが、これら結果は施設に対する社会の信頼性を大きく損なわせるものです。記事にもあるように「この人たちは何をしても分からない」などと考えているとすれば、基本的人権意識や障害者観に大きな歪みがあると言わざるをえません。

「行動障害は障害特性と環境のミスマッチで起こる」とされますが、行動障害、発達障害、知的障害といった障害の特性を理解して対応することは、支援者として当り前の資質です。強度行動障害の研修会が開かれ研究者と現場の交流も盛んですが、「理由のない行動は起きない」と考えるべきです。やればきりのない日常業務の中で、簡単には解決できない行動であっても、考えることをやめれば支援者としては失格です。

（2）虐待に遭いやすい人びととその人たちへの適切な対応

一般に、知的障害者や精神障害者や認知症状の高齢者などが虐待に遭いやすいと言えます。施設・事業所の職員に対して、身体的及び精神的に抵抗しにくい人たちです。施設・事業所の利用者である彼らに対して、その尊厳を守る実践が職員の仕事です。自傷や他害行為などが激しく強度行動障害がある人に対して、ただ強制や拘束で対応しようとする態度は、およそ専門職としてはふさわしくありません。言葉をはじめとするコミュニケーション能力が十分ではない彼らに対して、表情やすべての動きを見逃さずに対応していく必要があります。

拘束の禁止について、2001（平成13）年に厚生労働省から「身体拘束ゼロへの手引き」が出されています。拘束禁止の法的根拠を問う意見もありますが、逆に「拘束しても構わない根拠」を問いたいものです。余程の例外的状況でなければ、拘束は許されるべきではありません。安易な拘束は現場の処遇レベルの向上を妨げますし、利用者と職員との良好な関係を壊してしまいます。

先天的な一次障害はやむをえませんが、後天的な二次障害は、彼らと日常的に接している周囲の人たちの誤った接し方に原因があったといえます。両親や兄弟姉妹、隣近所の人たち、保育所や幼稚園や学校教育にたずさわっている人びとには、慎重で適切な対応が強く求められます。問題行動と呼ばれやすいものの原因は、決して彼らにあるのではなく、その行動を理解しようとしないで不適切な対応に走ってしまう周囲の人びとにあることを忘れないでおきたいものです。

ノーマライゼーション思想の普及と共に、共生社会の実現や多様な価値観の承認などが強く叫ばれています。しかし世界はグローバリゼーションが席巻していて、社会福祉だけがその枠の外にいられるわけでもありません。恩恵の社会福祉からやっと抜け出て、権利の社会福祉を実現しようとしている現在、困難な中でも理想の実現のために何ができるかを、すべての人びとと共に考えて行動していきたいものです。

注

1） コムスン事件

全国に介護事業を展開する株式会社コムスンが、実態のないヘルパーの名前を届けたり、介護報酬の不正請求をくり返したり、事業所指定を不正取得するなど虚偽申請をして、厚生労働省からの新規及び更新指定が不許可となり解散した事件です。

2006（平成18）年12月に東京都は、コムスンに対して立ち入り検査を実施して、その不正が判明しました。岡山県・青森県・群馬県・兵庫県においても同様の事実が発覚して、2007（平成19）年6月に厚生労働省は、コムスンに対して訪問介護事業所の新規及び更新指定を不許可処分としました。その後2009（平成21）年12月に同社は解散しました。

参考文献

片岡基明『行動障害から人間を考える』北大路書房　2010年
浅井　浩『発達障害と「自立」「支援」』田研出版　2007年

（竹内　公昭）

第9章　精神保健福祉

記　事

虐待通報の義務化
報告書に明記せず
厚労省精神医療検討会

精神医療に関する厚生労働省の有識者検討会は9日、報告書をまとめた。直前までの案では、精神科病院で虐待に気付いた職員らに自治体への通報を義務化する方針を明記していたが、盛り込まなかった。強制入院の制度についても、当初案にあった縮小方針を削除。いずれも日本精神科病院協会が反発したためとみられ、後退した。

厚労省は年内の臨時国会にも精神保健福祉法改正案を提出する方針だが、当事者や障害者団体からは「患者の権利が守られない」と落胆や批判の声が上がっている。

出典：2022年6月10日南日本新聞朝刊（共同通信配信）

1．調べてみましょう。

（1） わが国の精神保健の問題点について調べてみましょう。

（2） 公益者通報保護制度について調べてみましょう。

（3） 精神障害者の入院制度について調べてみましょう。

2. この記事を読んだ感想をまとめてみましょう。

3. 解　説

（1） 日本精神科病院協会とわが国の精神保健の問題点

2018（平成30）年5月、群馬県高崎市の精神科病院の朝礼の場で、「精神科医に拳銃を持たせるべき」と某医師が発言しました。その病院の理事であり同協会会長は、「興味深い内容である」という一文を協会の機関誌『協会雑誌』に投稿し掲載されました。発言した精神科医と同協会及び協会会長の非常識さに怒りを覚えると同時に、その人権意識のなさに驚きを隠せませんでした。

この発言の以前にも元日本医師会会長の武見太郎氏は、「精神保健は牧畜業か」と精神科病院の処遇を告発しました。「牧畜」は良くない例えですが、わが国の精神保健の状況を正確に把握した発言と言えます。経営を重視しがちな私立の精神科病院が約8割を占めるわが国の状況は、公立病院が多数を占める欧米諸国と大きく違っています。それは行政府による無責任な「丸投げ」と言ってよいでしょう。わが国の精神保健の先覚者である呉秀三氏の「わが国に生まれた二つの不幸」は、明治時代の言葉ではありません。

1958（昭和33）年の事務次官通知に端を発する精神科特例に守られた状況は、患者への適切な処遇よりも経営と管理を重視しがちです。ここに来て厚生労働省も、病院の患者の抱え込みに対して社会復帰を促進させる施策を打ち出していますが、まったく不十分です。そのグループホームの実態を見るにつけ、認知症高齢者や知的障害者との違いに驚くばかりです。グループホームの目的は、家庭的雰囲気による落ち着いた生活と地域交流であるはずですが、それがほとんど実践されていないのです。

精神障害は病気であり、身体障害と知的障害は障害であるという扱いが長くされてきましたが、1993（平成5）年の「障害者基本法」と1995（平成7）年の「精神保健福祉法」の制定以降は、ようやく「社会福祉」の仲間入りを果たせました。病気が完治していなくても、社会生活が不可能だとは言い切れないはずです。在宅で多様な支援を受けて社会生活を維持しているケースは、自立生活運動を例に出すまでもなく、認知症高齢者や知的障害者の場合には普通に見られることです。

世界に先駆けて1998（平成10）年に精神科病院の廃止に踏み切ったイタリアの例をあげるまでもなく、「自由こそ最大の治療」は世界の常識となっています。病院内の閉ざされた処遇の限界を見極め、社会復帰の推進を図ることこそが喫緊の課題です。積極的な姿勢に欠けている行政府と精神科病院の在り方を厳しく問い、変更を迫る活動が国民に強く求められています。

（2） 公益者通報保護制度について

2006（平成18）年に成立をみたこの制度の目的は、事業者の法令違反行為を通報する内部の労働者を保護するためのものです。国民生活の安心や安全を脅かす行為は、公益のために通報を促して禁止できるとされています。その結果起こるかもしれない解雇など労働者の不利益な取り扱いを禁止するとなっていますが、現実には職場内に労働者を支援してくれる状況がなければ、職場にとどまることは困難です。

この法律では、現在、従業員数が300人を超える事業者には内部通報に適切に対応するための必要な体制の整備が義務付けられていますが、300人以下だとこれは努力義務とされています。必置や義務だと強制力が発生しますが、任意や努力義務だと守られない施策は数多くあるといえます。さらに違反した事業所の公表など厳しい罰則を設けないと、労働者の通報を促すことにはつながりません。

通報対象の事象があると認められた場合には行政措置の対象（報告の徴収・助言・指導・勧告・公表）となっていますが、ここでも法令の遵守が求められています。過去の経緯などをみると、うやむやなままに処理されて問題の解決に至らない事件が多いといえます。この法律の制定を機に、行政が国民の方を向いているのか、それとも事業所の方を向いているのかを明確にさせる必要があります。本来行政は公益を守るために機能しなければならないことは言うまでもありません。

（3） 入院制度、とりわけ強制入院制度について

入院形態の中で、措置入院と医療保護入院を強制入院と呼びます。本人の同意が必要になる任意入院の数は減少傾向にありますが、2種類の強制入院は増加傾向にあります。これは患者の人権よりも、家族や社会への配慮が必要以上に働いていると想像できます。

院内の対応においても、保護室の利用や拘束状態をとる件数は一向に減っていません。厚生労働省の「拘束禁止の手引き」は2001（平成13）年に出されましたが、病院だけが例外ではないはずです。精神科病院には、患者の社会復帰やQOLを高めるという意識が希薄だと言わざるをえません。経済先進国は一様に精神科病院の病床数の減少と地域生活への移行が進んでいる中で、わが国だけがそうなっていないことの原因を徹底的に追及して改善するという課題が突き付けられています。

参考文献

関東弁護士会連合会『精神障害のある人の権利擁護と法律問題』明石書店　2012年

岩崎　香『人権を擁護するソーシャルワーカーの役割と機能 ― 精神保健福祉領域における実践過程を通して』中央法規　2010年

（竹内　公昭）

記　事

精神障害者　偏見への不安

大阪・拳銃強奪1週間

Ａ 市のＢ 交番でＣ 巡査が包丁で刺され拳銃を奪われた事件は二十三日で発生から一週間。事件ではＤ 容疑者が精神障害者保健福祉手帳を持っていたことが報道された。精神障害者の間では「障害と犯罪を結び付ける偏見が増幅される」「またバッシングを受けるのではないか」と不安が広がる。当事者団体は「私たちのつらい思いを知って」と呼び掛けている。

「コメンテーターの言葉が怖くてテレビがつけられない」。統合失調症のある大阪府内の三十代女性は事件に動揺が隠せない。以前、知人から冗談交じりに「精神障害やから、怒らせたら刺されるぞ」と言われたことがある。「また不動産や仕事が探しにくくなったりするのかな」とこぼす。

大津市の障害福祉事業所の男性職員は事件発生翌日の十七日、利用者らと昼食中に容疑者逮捕のニュースを見た。精神障害があることを繰り返す内容に全員が黙り込んだ。「報道がしんどくて」と泣きながら相談に来た人もいた。

精神障害者らでつくるNPO法人「地域精神保健福祉機構」（略称コンボ、千葉県）は十九日、当事者や家族に向け「肩身の狭い思いをしているのではないかと心配している」「否定的な考えを脳から外に出して、整理整頓すれば少し楽になるかもしれない」などと語りかけるメッセージをホームページに載せた。

容疑者が手帳所持「犯罪と結び付けられる」

精神障害者の支援に詳しい日本福祉大の青木聖《きよ》久《ひさ》教授は「不安な気持ちを一人で抱え込んでしまうと、いっそう孤立して悪循環に陥る。周囲の人が『私はあなたの味方だよ』と言葉や態度で示すことが大切だ」と指摘。

容疑者が障害者雇用で働いていたことを受け、就労している人への影響も心配する。「雇用主は変に身構えずに、自分たちの今までの認識に自信を持ってほしい」と話している。

出典：2019年6月23日中日新聞朝刊（共同通信配信）

1．調べてみましょう。

（1）「精神障害者の犯罪が多い」といえるでしょうか。

（2）無知と偏見が差別を生むということを調べてみましょう。

（3） 公助を共助で補う体制づくりのためには何が必要でしょうか。

2. この記事を読んだ感想をまとめてみましょう。

3. 解　説

（1）「精神障害者の犯罪が多い」という誤解

精神障害と犯罪を結びつける風潮がありますが、まったくの誤解です。2020（令和2）年の数字でも、犯罪者総数が18万2,587人に対して、精神障害者は1,349人に過ぎません。もっとも放火と殺人だけは、精神障害者が上回っています。これはその被害者に近親者が多く、他の犯罪と同列には扱えません。窃盗・器物破損・詐欺・暴行など犯罪すべてにおいて、圧倒的に一般人の方が多いのです。

この誤解は、たまに起こる事件の印象が強いことや、マスコミがセンセーショナルに報道することに原因があります。また事件が起こって容疑者が逮捕されると、弁護士が直ぐに「刑法」第39条の適用を求めて精神鑑定を依頼することにも原因があります。「ああまたか」という印象を、世間に強く与えるからです。

2001（平成13）年に起こった大阪教育大学附属池田小学校の犯人も、「精神障害を装おうとした」と述べています。事件がいったん報道されてしまうと、後になって事実は違っていても、誤りであったという報道は目立ちません。一般的に、最初の報道だけが強く印象づけられてしまうものです。

（2） 無知と偏見が差別を生む

精神障害に限らず、少数者の問題を他人事と考えて見過ごす気持ちが一般的です。しかしよく考えてみれば、誰もが少数者にならない保証はなく、いつまでも他人事と無視し続けられるものでもありません。たとえその例外だったとしても、少数者に関心を寄せるべきであり、自分の問題として想像してみようではありませんか。困っている相手に同情することは誰にでもできますが、相手の立場を想像して共感する能力は、学習しなければ身につかないのです。想像して共感する態度は、社会的動物としての人間の務めです。

「無知が栄えたためしはない」とは有名な思想家の言葉ですが、無知のままでは偏見にとらわれたり、ステレオタイプな考え方をしてしまいます。無知や偏見は、差別を生む有力な原因です。一方で知識が深まれば差別をなくせるかというと、それほど簡単ではありません。知ることと行動することの間には、勇気を必要とする深い溝があります。「大人だろう、勇気を出せよ」とは、三好春樹さんたち「生活とリハビリ研究所」のある号のテーマですが、RCサクセションのアルバムの中にも入っています。

わが国の特別支援学校は、障害を持たない子どもたちから障害児との触れ合いの機会を奪っています。世界の潮流はインクルージョンであり、そこからは取り残されているという認識が必要です。子どもの頃から普通に障害児と触れ合えば、「障害児に対する理解を深めましょう」といった教育をしなくてもすみます。知識は体験を通じて知恵となり、実際の生活の場面で役に立つのです。

（3） 公助を共助で補う体制づくりのために

「親はなくとも子は育つ」という地域社会が健全であった時代は、過去のものです。「隣は何をする人ぞ」といった地域社会が、現在のわが国の姿です。多世代家族は減少するばかりで、核家族や一人世帯の増加が著しいのです。育児や介護はもちろん、家事でさえ社会サービスを必要とする場面が多いといえます。職場はグローバリゼーションの影響で日本型経営方式が崩壊して、互助意識が希薄です。共助と呼ばれる私的な助け合い力は弱体化するばかりです。

そこで福祉国家の公助体制が登場します。組織としては、福祉事務所や保健所や社会福祉協議会、さらには民間の社会福祉法人などが設置されています。児童相談所や身体障害者更生相談所及び知的障害者更生相談所さらには精神保健福祉センターも付け加えることができるでしょう。

問題は情報の伝達が行き渡っておらず、そこにたどり着けない人が多いことです。おまけに受付窓口の敷居が高く、せっかくのサービスの利用が容易ではありません。それにスティグマ[1)]の存在は、権利としての社会福祉が十分認識されていない証明かもしれません。地域には民生委員・児童委員が存在しますが、これも「地域で誰が委員か」が住民に認識されていません。戦前の方面委員には地域の篤志家が就任して、文字どおり身銭を切って活動していた事実があります。しかし現在では、委員のなり手にもこと欠く始末で、制度の抜本的な見直しが必要です。草の根の社会福祉を実現する民生委員には、生活の困難さを抱えている人びとへの熱い思いと、機敏な行動力が不可欠です。

必要なことは、公私の連携と協働です。制度・法律で十分でない部分は民間で補うしかなく、福祉国家を危険な管理社会にしないためにも、共助の充実が求められます。1995（平成7）年に起こった阪神・淡路大震災以降、ボランティアが根づいたことは頼もしいできごとです。「情けは人のためならず」が、すべての人びとに浸透することを期待したいと思います。

注

1）スティグマ

差別・偏見と訳されますが、特定の事象や性質を持った個人や集団に対する、間違った認識や根拠のない認識のことを言います。その結果として、対象となる人物や集団に対する不利益や不平等、排除等の否定的な行動の原因となります。

対象とされた人物や集団において、自己肯定力の低下を引き起こすために、一般的な社会活動への不参加、健康維持及び増進行動の回避、通常の保健医療サービスの利用手段の拒否等の行動をもたらします。

解消のためには、事象に対する正しい理解と市民社会からの参加と協力が必要です。

参考文献

南日本新聞社取材班『精神障害とともに』ラグーナ出版　2017年

『ブリコラージュ』七七舎　2012年9月号

RCサクセション（忌野清志郎）『Baby a Go Go』空がまた暗くなる

（竹内　公昭）

第10章　子ども福祉

記　事

女児死亡受け
岡山市調査

児童虐待　ひとり親

異性出入り51世帯

岡山市こども総合相談所（児相）が担当する児童虐待事例のうち、ひとり親で住まいに異性が出入りしている家庭が51世帯あり、児童数は101人だったことが26日分かった。同市では1月、日常的に虐待を受けていたとされる　A　ちゃん＝当時(6)＝が死亡する事件があり、類似した家庭環境の緊急調査を2、3月に実施して判明した。

事件を巡っては有識者による市の検証会議が原因究明と再発防止策を協議しており、9月にも中間報告書を取りまとめる方針。今回の緊急調査結果について市は「一時保護といった緊急対応が必要となるような状況は見られなかった」としているが、検証会議の判断も踏まえ、虐待対応を見直す考えだ。

児相によると、2月18日～3月30日に家庭訪問のほか、学校園や関係機関から情報収集して状況を確かめた。

101人はいずれも身体的・心理的虐待やネグレクト（育児放棄）などが確認され、うち直近1年以内に状況が好転して支援の必要がなくなったのが11人、4段階ある支援レベルを中度から最も低い軽度に引き下げたのが2人だった。

一方で87人は好転も悪化もしておらず、支援を継続する。残る1人は、虐待とは関係なく施設入所に伴って軽度から中度に引き上げた。（常井智之）

出典：2022年4月27日山陽新聞朝刊

1．調べてみましょう。

（1） 児童福祉法による児童の定義について調べてみましょう。

（2） 児童虐待防止法による児童虐待の定義について調べてみましょう。

（3） 児童相談所における児童虐待相談について調べてみましょう。

（4） 緊急対応の一時保護について調べてみましょう。

（5） ひとり親家庭の現状について調べてみましょう。

2．この記事を読んだ感想を書いてみましょう。

3. 解　説

（1） 児童福祉法による児童の定義

児童福祉において、最も重要な法令は「児童福祉法」です。「児童福祉法」は、わが国で現在施行されている法律のうち、「福祉」という言葉を冠した最も古い法律です。1947（昭和 22）年に制定されました。この法律は、わが国の子どもにかかわるさまざまな事項について規定している児童の福祉に関する総合的な法律です。

「児童福祉法」第 4 条において児童とは、満 18 歳に満たない者と定義されていて、「児童」を「乳児」（満1歳に満たない者）、「幼児」（満1歳から、小学校就学の始期に達するまでの者）、「少年」（小学校就学の始期から、満 18 歳に達するまでの者）と 3 つに区分しています。

（2） 児童虐待防止法による児童虐待の定義

児童虐待の増加を受け、2000（平成 12）年に、「児童虐待の防止等に関する法律」（児童虐待防止法）が制定されました。この法律第 2 条において、児童虐待とは、保護者がその監護する 18 歳未満の児童に対して行う一定の行為とされています。保護者には父母等の親権者や未成年後見人のほか、実際に児童を監護・保護している養育者で、児童福祉施設の施設長や里親も含まれます。

児童虐待を分類すると、「身体的虐待」「心理的虐待」「ネグレクト（保護の怠慢・拒否）」「性的虐待」の 4 種類です。

（3） 児童虐待相談と児童虐待の現状

わが国では、年々児童虐待が増加しています。児童虐待は、家族・親戚、近隣・知人、学校、警察等から児童虐待相談や通告として児童相談所に寄せられます。「令和 2 年度福祉行政報告書例の概況」（厚生労働省）によると、2020（令和 2）年度に全国の児童相談所で対応した児童虐待相談の対応件数は、20 万 5,044 件で過去最多の件数となりました。

相談の虐待種類別対応件数をみると、最も割合が多いのは、「心理的虐待」12 万 1,334 件（59.2%）で、半数以上を占めています。次いで「身体的虐待」が 5 万 35 件（24.4%）となっています。また、主な虐待者別の構成割合をみると、「実母」が 47.4%と最も多く、約半数を占めています。次いで「実父」が 41.3%となっており、「実父」の割合は年々増えています。これらを被虐待者の年齢別構成割合でみると、「3 歳」が 1 万 4,195 件（構成割合 6.9%）、次いで「2 歳」1 万 3,885 件（同 6.8%）と多くなっています。0 ～ 6 歳を合計すると 9 万 2,259 件（同 45.0%）になり、乳幼児の被虐待者が約半数を占めています。

（4） 一時保護について

一時保護は、虐待などを行う親から子どもを物理的に引き離し、一時的に保護することです。子どもの生命の安全を確保することを目的としていますが、単に生命の危険に留まらず、現在の環境に置くことが子どもにとって明らかにふさわしくないと判断されるときは、まず一時保護を行うこととされています。一時保護は、児童相談所に付設された一時保護所などで行われます。保護者の意に反する場合でも一時保護を行うことができますが、親権者の意に反して行われた一時保護を 2 か月を超えて行う場合は、家庭裁判所の承認が必要です。

（5）ひとり親家庭の現状

ひとり親家庭とは、母子家庭や父子家庭のことです。2020（令和2）年の国勢調査では、母子世帯は64万6,809世帯、父子世帯は7万4,481世帯です。世帯数の推移をみると、2010（平成22）年に母子世帯75万5,972世帯、父子世帯8万8,689世帯であって以降、どちらも減少傾向にあります。

ひとり親世帯になった理由について、「平成28年度全国ひとり親世帯等調査」（2016（平成28）年）によれば、母子世帯では、離婚79.5%、死別8.0%、未婚の母8.7%、父子世帯では、離婚75.6%、死別19.0%です。母子世帯・父子世帯ともに離婚が理由でひとり親世帯になった割合が高くなっています。

また、同調査によると、2015（平成27）年の平均年間就労収入（母または父自身の就労収入）は、母子世帯200万円、父子世帯398万円で、母子世帯の収入が低いです。さらに、「2019年国民生活基礎調査」（2019（令和元）年）でも、2018（平成30）年の母子世帯の平均所得は306.0万円と児童のいる世帯の745.9万円や全世帯の552.3万円と比較して低く、経済的に困窮していることが分かります。母子世帯の収入や所得が低い理由としては、母子世帯の就業状況が考えられます。

就業状況について「平成28年度全国ひとり親世帯等調査」をみると、母子家庭の就業状況は81.8%で、就業形態は正規の職員・従業員44.2%、自営業3.4%、パート・アルバイト等43.8%です。他方、父子世帯の就業状況は85.4%で、就業形態は正規の職員・従業員68.2%、自営業18.2%、パート・アルバイト等6.4%となっています。母子世帯でパート・アルバイト等の割合が4割以上を占めており、経済的に安定していない実態がうかがえます。

参考文献

厚生労働省「令和2年度福祉行政報告例の概況」〈https://www.mhlw.go.jp/toukei/saikin/hw/gyousei/20/dl/kekka_gaiyo.pdf〉（最終閲覧日　2022年9月5日）

厚生労働省「平成28年度全国ひとり親世帯等調査結果報告」〈https://www.mhlw.go.jp/stf/seisakunitsuite/bunya/0000188147.html〉（最終閲覧日　2022年9月5日）

厚生労働省「2019年 国民生活基礎調査の概況」〈https://www.mhlw.go.jp/toukei/saikin/hw/k-tyosa/k-tyosa19/index.html〉（最終閲覧日　2022年9月5日）

総務省統計局「令和2年国勢調査」〈https://www.e-stat.go.jp/statsearch/database?page=1&layout= datalist&toukei=00200521&tstat=000001136464&cycle=0&tclass1=000001136466&cycle_facet=tclass1&tclass2val=0〉（最終閲覧日　2022年9月5日）

保育福祉小六法編集委員会編『保育福祉小六法2022年版』みらい、2022年

（齊藤　佳子）

記　事

社説

社会的養護の若者

自立まで支える仕組みを

児童養護施設や里親家庭で暮らす若者が自立支援を受けられる年齢の制限が撤廃されることになった。

現行の児童福祉法では施設などで暮らせるのは原則18歳まで、進学などで継続的な支援が必要と判断された場合は最長22歳までとなっている。これを施設や自治体の判断で延長できるようにする。政府は今国会で同法改正案の成立を目指す。

虐待や貧困などの理由で親と暮らせず、施設などで育つ社会的養護の子どもや若者は全国で約4万2千人に上る。年間約2千人が施設などから巣立っているが、社会に出てから周りに頼れる大人がおらず、孤立や困窮に陥りやすいとされる。

年齢で一律に区切り、支援の切れ目が生じる問題は以前から指摘されてきた。自立の準備が整う「助走期間」は人によって異なる。年齢制限をなくし、必要な支援を継続できるようにすることは評価できよう。

改めて目を向けたいのは、社会的養護を離れた後の若者の実態である。厚生労働省の研究班が初めて実施し、昨年公表した全国調査では、回答者の2割は収入より支出が多い生活をしているとし、過去1年間に医療機関を受診できなかった人も2割いた。生活に困窮している実態が浮き彫りになったといえる。

実際はもっと深刻かもしれない。調査は2015～19年度に施設などを退所した全員の2万人余りを対象にした。だが、連絡先が分からない人が多く、調査の案内ができたのは約3分の1にとどまった。施設などと連絡を絶っている人は、より厳しい状況に置かれている可能性もある。調査を継続し、実態把握を進めてもらいたい。

施設などを退所した若者を支えようと、近年はNPO法人などの民間団体が各地で受け皿づくりを進めてきた。

岡山県内では、認定NPO法人・子どもシェルターモモ（岡山市）が岡山市内に相談拠点を設け、施設退所者らの生活や進学、就労などを支援するアフターケア事業を行っている。また、施設などを離れた後、一時的に入居できる自立援助ホームなどは岡山、倉敷、津山市に計7カ所あり、モモなど五つのNPO法人が運営している。

県内の支援者によれば、虐待を受けるなどして心に傷を負い、生きづらさを感じる若者は多い。障害などで自己管理や対人関係に課題を抱える場合も少なくない。支援の現場では一人一人に丁寧に関わり、信頼関係を構築することが求められる。スタッフの確保や育成が重要であり、行政の財政措置の強化も必要だ。

年齢制限の撤廃は、あくまで切れ目のない支援を実現するための一歩だろう。当事者である若者の声、支援活動をしている団体の声を踏まえ、官民が連携を強め、自立まで支える仕組みを整えていかなければならない。

2022.3.1

出典：2022年3月1日山陽新聞朝刊

1．調べてみましょう。

（1） 社会的養護の理念と機能について調べてみましょう。

（2） 子どもの養育における社会的養護の役割について調べてみましょう。

（3） わが国の社会的養護の方向性について調べてみましょう。

（4） 社会的養護にかかわる施設について調べてみましょう。

（5） 家庭養護としての里親・ファミリーホームについて調べてみましょう。

2. この記事を読んだ感想を書いてみましょう。

3. 解 説

（1） わが国の社会的養護の理念と機能

2011（平成23）年7月に厚生労働省が「社会的養護の課題と将来像」を公表しました。この資料では、わが国の社会的養護の理念、機能、役割や基本的方向について示されています。資料によると、社会的養護とは、保護者のない児童や、保護者に監護させることが適当でない児童を、公的責任で社会的に養育し、保護するとともに、養育に大きな困難を抱える家庭への支援を行うことです。社会的養護は、「子どもの最善の利益のために」と「社会全体で子どもを育む」という2つの考え方を理念としています。保護者の適切な養育を受けられない子どもを、社会の公的責任で保護養育し、子どもが心身ともに健康に育つ基本的な権利を保障します。

また社会的養護は、「養育機能」「心理的ケア等の機能」「地域支援等の機能」の3つの機能を持っています。「養育機能」は、家庭での適切な養育を受けられない子どもを養育する機能であり、社会的養護を必要とするすべての子どもに保障されるべきものです。「心理的ケア等の機能」は、虐待等のさまざまな背景の下で、適切な養育が受けられなかったこと等により生じる発達のゆがみや心の傷（心の成長の阻害と心理的不調等）を癒し、回復させ、適切な発達を図る機能のことです。「地域支援等の機能」は、親子関係の再構築等の家庭環境の調整、地域における子どもの養育と保護者への支援、自立支援、施設退所後の相談支援（アフターケア）などの機能をいいます。

（2） 子どもの養育における社会的養護の役割

「社会的養護の課題と将来像」（厚生労働省）における基本的な考え方をみると、子どもの養育における社会的養護の役割として①「子どもの養育の場としての社会的養護」②「虐待等からの保護と回復」③「世代間連鎖を防ぐために」④「ソーシャルインクルージョン（社会的包摂）のために」の4つが記載されています。

（3） わが国の社会的養護の方向性

2016（平成28）年の「児童福祉法」改正により、新たな方針として「家庭と同様の環境における社会的養育の推進」が示されました。ここでは、社会的養護は社会的養育という表記になっています。この改正では、児童は家庭において健やかに養育されるものとしています。しかし、それが適当でない場合は、より家庭に近い環境で養育されるように考えていくことになります。

（4） 社会的養護に関わる施設

現在、社会的養護を必要とする児童のうち9割以上が施設に入所しています。社会的養護にかかわる施設は「児童養護施設」「乳児院」「母子生活支援施設」「児童心理治療施設」「児童自立支援施設」の5つがあります。児童養護施設では、虐待などによって社会的養護が必要な児童を養育し、乳児院では家庭で育てられない乳幼児を養育します。

（5） 家庭と同様の養育環境としての里親とファミリーホーム

「家庭における養育環境と同様の環境」として家庭養護である里親と小規模住居型児童養育事業（ファミリーホーム）があります。特に就学前の児童については、この環境での養育を原則としています。

里親制度は、児童相談所が要保護児童（保護者のない児童または保護者に監護されることが不適当であると認められる児童）の養育を委託する制度です（「児童福祉法」第27条第1項第3号の規定による）。2008（平成20）年の「児童福祉法」改正により、里親の類型は「養育里親」「専門里親」「親族里親」「養子縁組里親」の4種類となりました。それぞれの里親になれる要件やシステムは異なります。2019（平成31・令和元）年度より里親養育包括支援（フォスタリング）事業が推進されています。具体的には、里親制度の広報活動、里親への研修事業、子どもと里親のマッチング、里親養育への支援に至るまでの一貫した里親養育支援と養子縁組に関する相談・支援が総合的に実施されています。

ファミリーホーム制度は、2009（平成21）年に創設されました。小規模住居型児童養育事業（ファミリーホーム）は、「児童福祉法」第6条の3第8項に規定される養育者の家庭に児童を迎え入れて養育を行う事業のことです。ファミリーホームは夫婦で事業を運営しているケースが多く、「大家族」のような感じといわれています。

参考文献

厚生労働省「社会的養護の課題と将来像」〈https://www.mhlw.go.jp/stf/shingi/2r9852000001j8zz-att/2r9852000001j91g.pdf〉（最終閲覧日　2022年9月5日）

保育福祉小六法編集委員会編『保育福祉小六法2022年版』みらい、2022年

（齊藤　佳子）

第11章 母子父子寡婦保健福祉

記事

親子の声 反映できるか

政府は来年4月の「こども家庭庁」創設をきっかけに、子どもを主体にした政策づくりに乗り出す。虐待や貧困などの問題が深刻化する中、当事者の声をどうやって吸い上げるか。1994年の「子どもの権利条約」批准から約30年。国際的に取り組みの遅れが指摘されており、政策転換への試金石となる。（1面関連）

「こども家庭庁」創設へ

やり直せるよう

東京都渋谷区のビルの一角にある「キズキ共育塾」。不登校や高校中退、ひきこもりなどの事情を抱えた若者が集まり、各ブースでは講師が個別指導に当たる。講師の多くに同じような挫折経験があり、勉強だけでなく、さまざまな悩み事の相談に応じるのが特徴だ。

安田祐輔代表(38)もいじめやうつ病を経験。「学校の先生は一人一人に寄り添う余裕がない。何回でもやり直せるよう支援したい」と約10年前に塾を立ち上げた。

アルバイト講師で大学4年の男性(22)は、高校生の時に不安が積み重なってうつ状態になり、浪人時代にこの塾に通った。「新たな居場所として支えになった。苦しい経験をした自分だからこそ、生徒の助けになれるのではないか」と話す。

有効対策なく

今回のこども家庭庁創設の土台となったのは、89年に国連で採択された子どもの権利条約だ。子どもを「権利を持つ主体」と位置付け、日本は94年に批准。しかし有効な対策が取られないまま、子どもを取り巻く状況は年々悪化。2020年度の統計では不登校の小中学生は約19万6千人、全国の児童相談所が対応した児童虐待件数は約20万5千件で、いずれも過去最多だった。

子どもの貧困率（中間的な所得の半分に満たない家庭で暮らす18歳未満の子どもの割合）は18年時点で13・5%で、7人に1人の計算だ。

この間、海外では子どもの意見を政策に生かそうと第三者機関「子どもコミッショナー」の設置が進んだ。日本ユニセフ協会によるとノルウェーが1981年に初めて導入し、70カ国以上に広がった。

英国・ウェールズでは貧困を経験した子どもや保護者を対象に調査を実施し、就学支援給付金の拡充が実現した。

権利条約批准30年 政策遅れ挽回の試金石

表層深層

伝統的家族観

NPO法人「子どもの権利条約総合研究所」によると、国内では約40自治体が第三者機関を置く。兵庫県川西市が全国に先駆け、99年に設けた「子どもの人権オンブズパーソン」は大学教授や弁護士らで構成。いじめや虐待などの相談を受け、学校に聞き取りも行う。代表の大倉得史京都大院教授（発達心理学）は「個別の事案解決に加え、制度改善につなげるのが特長だ」と話す。提言が市側のいじめ対策の手引に反映されたこともあるという。

だが自治体に比べて国の動きは鈍く、こども家庭庁設置の議論でもコミッショナー設置は見送られた。自民党内から「子どもの権利が強調され過ぎる」「誤った子ども中心主義にならないか」などの意見が出たためで、家父長制に基づく伝統的家族観を守ろうという思惑がにじんだ。

政府は首相の諮問機関「こども家庭審議会」を設け、子どもや親の意見を施策に反映させるとしているが、政府内の取り組みがどれだけ効果を上げるかは疑わしい。

日本ユニセフ協会の高橋愛子広報・アドボカシー推進室マネジャーは「審議会では、政府主導の施策推進になりかねない。独立した立場で調査・提言ができる組織が必要で、コミッショナー設置の議論を続けることが欠かせない」と語る。

出典：2022年6月15日山陽新聞朝刊（共同通信配信）

1. 調べてみましょう。

（1） ひとり親家庭の経済状況について調べてみましょう。

（2） ひとり親家庭の保健福祉に関する法制度を調べてみましょう。

（3） ひとり親家庭への福祉資金貸付について調べてみましょう。

（4）ひとり親家庭への日常生活支援について調べてみましょう。

（5）ひとり親家庭への就業支援について調べてみましょう。

2. この記事を読んだ感想をまとめてみましょう。

3. 解　説

(1) ひとり親家庭の経済状況とは

ひとり親家庭とは、配偶者のいない女子・男子が児童を扶養している家庭のことです。「平成28年度全国ひとり親世帯等調査」では、母親及び父親の地位別年間就労収入の平均は、母親の場合で「正規の職員・従業員」が305万円、「パート・アルバイト等」が133万円でした。父親の場合で「正規の職員・従業員」が428万円、「パート・アルバイト等」が190万円でした。「パート・アルバイト等」では厳しい経済状況があり、子どもの貧困にも関連します。

(2) ひとり親家庭の保健福祉に関する法制度

ひとり親家庭の保健福祉に関する法制度は、「母子及び父子並びに寡婦福祉法」「売春防止法」「配偶者からの暴力の防止及び被害者の保護等に関する法律」「母子保健法」「児童扶養手当法」「困難な問題を抱える女性への支援に関する法律」等があります。母子・父子への金銭給付、日常生活支援、就労支援は、「母子及び父子並びに寡婦福祉法」(以下、法と称す)に定められています。

(3) ひとり親家庭への福祉資金の貸付

ひとり親家庭への福祉資金の貸付は、都道府県が配偶者のいない女子・男子の経済的自立と生活意欲向上、その扶養児童の福祉増進のために、事業資金、子どもの修学資金、知識技能習得資金その他を貸し付ける制度です(母子は法第13条、父子は法第31条の6)。

(4) ひとり親家庭への日常生活支援

日常生活支援とは、都道府県または市町村がひとり親家庭の者の日常生活に支障を認めるときに、居宅等で乳幼児の保育、食事の世話、生活・生業に関する専門的助言指導等を行うことです(母子は法第17条、父子は法第31条の7)。そして、地方公共団体が公営住宅の供給を行う場合や、「子ども・子育て支援法」に基づく特定教育・保育施設や特定地域型保育事業利用への相談助言を行う場合及び放課後児童健全育成事業を行う場合に、ひとり親家庭の福祉増進に向けて特別の配慮をするということです(母子は法第27条・第28条、父子は法第31条の8)。また、家庭生活向上のために、母子・父子福祉団体と連携を図り、支援関連の情報提供、生活相談、学習支援等を行うことです(母子は法第31条の5、父子は法第31条の11)。

(5) ひとり親家庭への就業支援

第1に、国や地方公共団体の設置事務所や公共的施設の管理者が、ひとり親家庭の母親やひとり親家庭関連の福祉団体から売店等の設置許可申請があれば、公共的施設内で、新聞、雑誌、たばこ、事務用品、食料品等の物品を販売したり、理容業美容業等の業務を行うために売店、理容所・美容所等の設置を許すように努めることです(母子は法第25条・第26条)。第2に、公共職業安定所が母子家庭の母・父子家庭の父の雇用促進のため、情報の収集と提供、事業主に対する援助に努めることです(母子は法第29条、父子は法第31条の9)。第3に、都道府県が就職希望の母子家庭の母・父子家庭の父及び児童の雇用促進のため、母子・父子福祉団体と連携を図り、就職に関する相談に応じる、職業能力の向上措置を講ずる、母子家庭の母・父子家庭の父及び児童並びに事業主に対し、雇用情報及び就職の支援に関する情報の提供等の支援を行うことです（母子は法第 30 条、父子は法第 31 条の 9)。第 4 に、都道府県が母子・父子に対する家庭自立支援給付金を支給することです（母子は法第 31 条、父子は法第 31 条の 10)。

参考文献

保育福祉小六法編集委員会編（2022）『保育福祉小六法　2022 年版』みらい
小崎恭弘・田邉哲雄・中典子（2022）『第 4 版子ども家庭福祉論』晃洋書房

（中　典子）

記事

子ども1人5万円支給

政府最終調整　低所得世帯対象

物価高緊急対策

政府が月内にまとめる物価高の緊急対策で、低所得の子育て世帯を対象に子ども1人当たり5万円を支給する方向で最終調整に入ったことが20日、分かった。これとは別に現在実施している困窮世帯向けの10万円給付も対象を広げる方向で検討。ガソリンなど燃油価格の上昇を抑えるための補助金の拡充や中小企業の業態転換の後押しに加え、地方独自の対策を財政面で支援する交付金も増額する見通しだ。与党と調整し来週にも決定する。（2面に関連記事）

ガソリン補助金拡充

対策の裏付けとなる財源を巡っては自民、公明両党間で協議が続く。政府、自民党は2022年度予算で確保した計5兆5千億円の予備費から2兆円台の支出を念頭に置くが、公明党は今国会中に22年度補正予算を編成し、より大規模な対策にするよう主張している。協議次第では対策の中身や金額が変わる可能性がある。

5万円給付は低所得のひとり親世帯や、住民税非課税世帯の18歳以下の子どもが対象になる見通し。22年度予算の予備費から2千億円程度を支出する。困窮世帯への10万円給付は、21年度補正予算などで1兆5千億円余りを確保し、21年度時点の非課税世帯向けに実施している。緊急対策では、新たに22年度に非課税となった世帯のみに給付する。

新型コロナウイルスの影響で収入が減った世帯に生活資金を貸し出す「緊急小口資金」など従来の支援策についても、6月末までとしていた申請期限を延ばす方針だ。深刻化する孤独や孤立への対策では、民間非営利団体（NPO）の活動支援を行う。

また、自治体が地域の実情に合わせて事業者や困窮者の支援を行えるよう「地方創生臨時交付金」を増額し、配分することも検討している。

給付金を巡っては、高齢者への5千円給付案が一時浮上したが、参院選前の「ばらまき」批判などで白紙に戻った。政府、与党は低所得の子育て世帯や困窮者に限った支給であれば、国民の理解を得られるとの判断に傾いたとみられる。

燃油価格の抑制策として石油元売り会社に政府が支払う補助金は5月以降も延長し、現在の1㍑当たり25円から上限を引き上げる。ロシアのウクライナ侵攻長期化を前提に数カ月の延長を見込んでおり、与党内には1兆円規模の経費が必要だとの見方がある。

物価高騰が直撃する中小企業への支援として、新分野への事業展開を促す「事業再構築補助金」の特別枠を設ける。トウモロコシなど飼料価格の上昇が経営に及ぼす影響を和らげるため、畜産農家に支払う基金を積み増すことも検討している。

出典：2022年4月21日山陽新聞朝刊（共同通信配信）

1. 調べてみましょう。

（1）寡婦について調べてみましょう。

（2）寡婦に対する支援の種類を調べてみましょう。

（3）寡婦福祉資金の貸付について調べてみましょう。

（4） 寡婦への日常生活支援及び就業支援について調べてみましょう。

（5） 低所得世帯対策について調べてみましょう。

2．この記事を読んだ感想をまとめてみましょう。

3. 解　説

（1） 寡婦とは

寡婦とは、配偶者がない状態で児童を扶養していたことのある女子のことを指します。「母子及び父子並びに寡婦福祉法」（以下、法と称す）の第6条第4項にその定義があります。

（2） 寡婦福祉に対する支援の種類

寡婦に対する支援は、法の中で寡婦福祉資金の貸付け、寡婦日常生活支援事業、売店等の設置の許可等、寡婦就業支援事業等、寡婦生活向上事業が定められています。また、「所得税法」上の寡婦控除を受けることができます。なお、ひとり親控除が2020（令和2）年に創設され、その対象者は、寡婦控除から外れます。また、寡夫制度は廃止され、「ひとり親」に統合されることになりました。つまり、子どもを扶養している場合、婚姻歴の有無や性別に関係なく、ひとり親控除の要件を満たせばその対象となります。

（3） 寡婦福祉資金の貸付

寡婦福祉資金の貸付とは、都道府県が寡婦の経済的自立や生活意欲の向上、その被扶養者の福祉増進のために事業資金、修学資金、知識技能習得資金等を貸し付けることです（法第32条）。

（4） 寡婦への日常生活及び就業における支援

寡婦への日常生活支援は、法第33条の寡婦日常生活支援事業と法第35条の2の寡婦生活向上事業があります。寡婦日常生活支援事業は、寡婦が疾病等の理由で日常生活のしづらさが生じたとき、都道府県または市町村が彼女らに対してその居宅やその他厚生労働省令で定める場所で、食事の世話・専門職による生活や生業に関する助言・指導を行う事業です。また、その他の日常生活を営むのに必要な厚生労働省令で定める支援も行う事業です。 寡婦生活向上事業は、寡婦の生活向上のため、都道府県及び市町村が寡婦福祉団体と連携を図り、寡婦に対して家庭生活及び職業生活に関する相談に応じる事業です。寡婦福祉団体の支援に関する情報提供等の必要な支援を行うこともできます。

寡婦への就業支援は、法第34条の売店等設置許可等と法35条の寡婦就業支援事業等があります。売店等の設置許可等は、母子家庭における福祉の措置である法25条（売店等の設置許可）、法26条（製造たばこの小売販売業の許可）、法29条（雇用の促進）に準じてなされます。寡婦就業支援事業等は、寡婦の雇用の促進のため、求人情報の収集と提供、寡婦を雇用する事業主への援助が定められています。国は、寡婦の雇用促進に関する調査研究、寡婦の雇用促進業務に従事する者・関係者への研修、都道府県に情報提供等の援助を行うこととなっています。都道府県は、寡婦の雇用促進を図るため母子・父子福祉団体と連携することが定められています。それは、寡婦に対して就職に関する相談に応じる・職業能力の向上のために必要な措置を講ずる、寡婦と雇用主に雇用情報と就職支援に関する情報提供と支援を行うことです。

（5） 低所得世帯への対策

低所得世帯への対策として、子育て家庭に対しては「低所得の子育て世帯に対する生活支援特別給付金」、また、緊急小口資金等の特例貸付を利用できない世帯に対しては「新型コロナウイルス感染症生活困窮者自立支援金」の支給があります。

参考文献

保育福祉小六法編集委員会編（2022）『保育福祉小六法　2022年版』みらい
国税庁「寡婦控除」1170（https://www.nta.go.jp/taxanswer/shotoku/1170.htm）（最終閲覧日　2022年8月13日）
厚生労働省「新型コロナウイルス感染症生活困窮者自立支援金」（https://corona-support.mhlw.go.jp/shien/index.html）（最終閲覧日　2022年8月18日）

（中　典子）

第12章　男女共同参画

記事

ＤＶ被害者を支えて20年

サンフラワー基金

社説

配偶者や恋人らからの暴力（ドメスティックバイオレンス＝ＤＶ）を受けた被害者の経済的支援をしているサンフラワー基金（岡山市）が今月、設立20年を迎えた。

民間の寄付で返済不要の自立支援金を給付する活動は、全国的にも珍しいという。

当初は任意団体で岡山市内を支援対象としたが、２年前に公益財団法人となり、対象を岡山県内全域に広げた。この20年間で支援した被害者は３００人を超え、支援総額は約１４００万円に上る。

２００１年にＤＶ防止法が施行され、相談窓口や緊急一時保護など、被害者が避難するための公的支援が進められてきた。ただ、被害者の多くは女性で、避難後に生活が困窮する人も少なくない。

行政の施策を補完し、経済的な支援をしようと設立されたのがサンフラワー基金である。岡山市の収入役だった高田武子さんら有志11人が発起人となり、02年6月に設立。コンサートを中心とした慈善事業の収益や個人の寄付を原資としている。

ＤＶ被害者を支援する公的機関、配偶者暴力相談支援センターは岡山県内では岡山、倉敷、津山市に計5カ所あり、被害者は支援センターを通じ、申請する仕組みだ。自立支援金（5万円）のほか、乳幼児がいれば保育園入園準備金なども上乗せされる。

〈子どもと新たな生活を始めるため、家電製品を一からそろえなくてはならず、諦めていた暖房器具を買うことができた〉

〈手持ちのお金がなくなった後、１カ月分の生活費に充てた。本当に助かった〉

〈心細く、疲れきっていた時に子どもにおいしいものを食べさせることができた。感謝しかない〉

基金によれば、支援金を受け取った被害者からはこうした感想が寄せられるという。

被害者と接している支援センターの相談員によれば、離婚をしたくても経済的な不安から決断できない被害者は多い。公的な支援制度につなぐにしても時間がかかる。携帯電話料金の支払いに窮する人もおり、給付が早く、使途を問わない支援金は被害者にとって心強い存在という。

基金は21年度、30人以上を支援した。支援対象を県内全域に広げたことで、前年度から3倍近くに増えた。今後も支援を求める人は増えるとみられ、基金への理解者を増やし、寄付の募集体制を強化することも求められる。

今国会ではＤＶや性被害、生活困窮に苦しむ女性への公的支援を推進する新法が成立した。都道府県に基本計画の策定を義務付け、民間の支援団体との連携を促すものだ。

岡山県内には基金のほか、被害者の一時避難所を運営する団体もあり、こうした民間団体が果たしてきた役割は大きい。女性が安心して自立への道を歩めるよう、官民がより連携を強め、切れ目のない支援体制を整えたい。

2022.6.15

出典：2022年6月15日山陽新聞朝刊

1．調べてみましょう。

（1） 配偶者や恋人からの暴力（DV）の特性について調べてみましょう。

（2） 配偶者や恋人からの暴力（DV）にはどのようなものがありますか。

（3）「DV 防止法」とはどのような法律でしょうか。

（4） 配偶者暴力相談支援センターやその他の相談先について調べましょう。

（5） 保護命令について調べましょう。

2. この記事を読んだ感想をまとめてみましょう。

3. 解　説

（1） DVについて

配偶者等からの暴力は、犯罪となる行為をも含む重大な人権侵害であり、外部からその発見が困難な家庭内において行われるため、潜在化しやすく、しかも加害者に罪の意識が薄いという傾向があります。このため、周囲も気付かないうちに暴力がエスカレートし、被害が深刻化しやすいという特性があります。

配偶者等からの暴力の被害者は、多くの場合、女性であり、経済的自立が困難である女性に対して配偶者等が暴力を加えることは、個人の尊厳を害し、男女平等の実現の妨げとなっています。なお、男性の被害実態も徐々に明らかになっています。

DVが起きている家庭では、児童虐待が同時に行われている場合があり、子どもが見ている前で暴力を振るう面前DVも子どもへの心理的虐待として問題となっています。

（2） DVの形態

殴る、蹴るなどの身体的な暴力だけでなく、いろいろな形態があります。

身体的暴力　殴られたり、蹴られたり、髪をひっぱられる。

精神的暴力　殴る、物を投げつけるなどのふりをして脅される。ののしったり、からかったり、無視される。

性的暴力　性行為を強要される。見たくないポルノ雑誌などを見せられる。

経済的暴力　生活費を渡してくれない。お金の使い方について、細かく口出しされる。外で働くことを禁じられる。

社会的暴力　携帯電話やメールを勝手にチェックしたり、アドレスを無断で削除される。行動を監視し制限される。

（3） DV防止法

正式名称は「配偶者からの暴力の防止及び被害者の保護等に関する法律」であり、配偶者からの暴力に係る通報、相談、保護、自立支援等の体制を整備し、配偶者からの暴力の防止及び被害者の保護を図ることを目的とする法律です。

（4） 配偶者暴力相談支援センターとその他の相談先

都道府県には必置、市町村には任意で設置できる機関であり、配偶者からの暴力の防止及び被害者の保護を図るため、

・相談や相談機関の紹介
・カウンセリング
・被害者及び同伴者の緊急時における安全の確保及び一時保護
・自立して生活することを促進するための情報提供その他の援助
・被害者を居住させ保護する施設の利用についての情報提供その他の援助
・保護命令制度の利用についての情報提供その他の援助

を行います。

相談先としては、他にDV相談ナビやDV相談＋（プラス）等があります。

DV相談ナビ＃8008（はれれば）…最寄りの配偶者暴力相談支援センターなどの相談機関に電

話がつながります。

DV相談＋（プラス）…24時間電話相談（0120－279－889）、メールやSNSによる相談、外国語相談（SNS相談）にも対応しています。

緊急の場合は、110番通報することも重要です。

（5） 保護命令とは

配偶者からの身体に対する暴力を受けた被害者が、配偶者からの更なる身体に対する暴力により、または、配偶者からの生命等に対する脅迫を受けた被害者が配偶者から受ける身体に対する暴力により、その生命または身体に重大な危害を受けるおそれが大きいときに、地方裁判所が被害者からの申立てにより、配偶者に対して発する命令で、

① 被害者への接近禁止命令
② 被害者への電話等禁止命令
③ 被害者の同居の子への接近禁止命令
④ 被害者の親族等への接近禁止命令
⑤ 被害者と共に生活の本拠としている住居からの退去命令

の5つの類型があります。

配偶者である相手方が保護命令に違反すると1年以下の懲役または100万円以下の罰金に処せられます。

現在、被害者の範囲拡大等について、「DV防止法」の改正が検討されています。

（藤原　亮）

記　事

女性候補33% 均等遠く　識者「数ありき」指摘

参院選で過去最多181人

22日に公示された参院選では過去最多となる181人の女性が立候補し、全候補者に占める女性割合は過去最高の33.2%に達した。政党に候補者数の男女均等化を求める「政治分野の男女共同参画推進法」が施行されてから４年余り。衆院選を含めた戦後の国政選挙で初めて３割を超えたものの、「均等」にはなお遠い。識者は「数合わせにならないよう候補者の育成を」と求める。

「候補者の半分を女性にした。女性の声を国会に反映させ、男性も女性も生きやすい世の中をつくりたい」。立憲民主党の泉健太代表は青森市での第一声でこうアピールした。「女性候補者５割」を目指し、子育てや介護と選挙活動の両立を図るため、現職女性議員が相談に乗る支援チームを３月に発足。女性は51.0%（26人）に上った。

選挙公約などで掲げた目標と比べると、「パリテ（男女議員同数化）に取り組む」とした共産党は55.2%（32人）、「あらゆる意思決定機関での女性比率を50%」とする社民党は41.7%（５人）。「女性候補者比率35%目標を実現」とした国民民主党は40.9%（９人）だった。

自民党は比例代表に限った「３割」の目標を達成したが、数値を示さなかった全体では23.2%（19人）。公明党は具体的な数値目標を設定しておらず、20.8%（５人）にとどまった。選挙区で現職を優先する傾向が女性参入の壁となっているが、党が主導しやすい比例代表でも低迷した。

選挙区で見ると、全国45区のうち富山、滋賀、合区の鳥取・島根、徳島・高知の４区では女性候補がゼロ。前回の13選挙区より大幅に減ったものの、女性が１人だけの選挙区は14区ある。

女性の政治参画に詳しい岩本美砂子・三重大名誉教授（政治学）は各党が選挙目前に女性を擁立した点に触れ「数ありきで、土壇場になって集めた印象だ。真剣度はまだ足りない」と指摘する。

候補者の育成や、一定比率を女性に割り当てる「クオータ制」などの導入が必要と強調。「存在感を示し、女性それぞれの多様性を政策に反映させるには最低限３割」とし、当選者が３割を超えるよう勝てる候補者を増やさなければいけないと訴えた。

出典：2022年6月24日山陽新聞朝刊（共同通信配信）

1．調べてみましょう。

（1）「政治分野の男女共同参画推進法」とはどのような法律でしょうか。

（2）　国会議員、そしてあなたが住んでいる都道府県議会議員、市町村議会議員の女性議員比率を調べましょう。

（3）「クオータ制」やそれが外国でどのように導入されているかについて調べましょう。

2. この記事を読んだ感想をまとめてみましょう。

3. 解　説

（1） 政治分野の男女共同参画推進法（候補者男女均等法）

正式名称は「政治分野における男女共同参画の推進に関する法律」であり、衆議院、参議院及び地方議会の選挙において、男女の候補者の数ができる限り均等となることを目指すことなどを基本原則とし、国・地方公共団体の責務や、政党等が所属する男女のそれぞれの公職の候補者の数について目標を定めることなどを定めている法律です。

ただし、数値目標を定めなくても罰則はありません。

（2） 女性議員の比率

2022（令和4）年7月、世界経済フォーラム（WEF）が世界男女格差報告書の2022年版を発表しました。この中で、「経済」「教育」「健康」「政治」の分野ごとに、「0」を完全不平等、「1」を完全平等として国ごとの男女格差を数値化した「ジェンダー・ギャップ指数」において、日本は、政治（139位）、経済（121位）の数値が低く、146か国中116位となっています。

政治の分野では、「国会議員の男女比」「閣僚の男女比」「過去50年の首相の男女比」が項目となっています。

第5次男女共同参画基本計画において、2025（令和7）年までに、衆議院議員、参議院議員の候補者に占める女性の割合をそれぞれ35%とすることを目標としています。なお、地方議会でも女性議員の占める割合が低く、女性議員がいない市町村議会もあります。

（3） クオータ制

ポジティブ・アクションの手法の1つであり、男女間格差を是正する方策で、性別等を基準に一定の人びとや比率を割り当てる制度のことです。世界196の国と地域のうち、118の国と地域で、政治分野における性別によるクオータ制が国政レベルで導入されています。ポジティブ・アクションとは、社会的・構造的な差別によって不利益を被っている者に対して、一定の範囲で特別の機会を提供することなどにより、実質的な機会均等を実現することを目的として講じる暫定的な措置のことです。

クオータ制の種類としては、

- 議席割当制　議席のうち一定数を女性に割り当てることを憲法または法律のいずれかで定めているもの
- 法的候補者クオータ制　議員の候補者の一定割合を女性または男女に割り当てることを、憲法または法律のいずれかで定めているもの
- 政党による自発的クオータ制　政党が党の規則等により、議員候補者の一定割合を女性または男女に割り当てることを定めるもの

があります。

参考文献

内閣府男女共同参画局発行パンフレット「諸外国における政治分野の男女共同参画のための取組」（令和2年3月作成）

（藤原　亮）

第13章　公的年金

記　事

国民年金　保険料免除最多

コロナ影響で2年連続

21年度納付

　厚生労働省は23日、自営業者やパートらが入る国民年金の２０２１年度加入・保険料納付状況を発表した。所得が低いため保険料の納付を全額免除・猶予されている人は20年度から３万人増の６１２万人（21年度末時点）となり、２年連続で過去最多を更新した。新型コロナウイルス禍による経済状況の悪化が長引いていることが影響したとみられる。

　厚労省は、コロナ禍で大幅減収となった人の保険料の全額または一部を免除しやすくする特例を導入している。自営業者やフリーランス、パートらの収入が減って特例措置の対象となり、免除、猶予の人数が増えた可能性がある。

　保険料は原則として20歳以上60歳未満の人が負担する。本来保険料を納付する月数のうち、実際に支払われた月数の割合を示す「納付率」は、20年度から２・4ポイント増の73・９%で、10年連続の上昇となった。クレジットカード、インターネットなどによる支払い方法の普及が理由。

　都道府県別に納付率を見ると最も高いのは島根の85・５%。新潟84・８%、富山84・５%と続いた。沖縄が66・８%で最も低く、大阪66・９%、福岡69・９%だった。岡山は76・８%、広島78・７%、香川78・４%。

　厚労省は納付率を算定する際に保険料の全額免除・猶予の人を除いている。共同通信が全額免除・猶予の人を含めて納付率を計算してみると、41・４%にとどまった。

　国民年金の加入者（厚生年金に加入している人らを除く）は、21年度末で１４３１万人。20年度末から18万人減った。厚労省は短時間労働者への厚生年金の適用が拡大しているためとしている。

　大幅減収となった人の国民年金保険料の全額、または一部を免除しやすくする人を含めて納付率を計算してみると、41・４%にとどまった。

　国民年金の加入者（厚生年金に加入している人らを除く）は、21年度末で１４３１万人。20年度末から18万人減った。厚労省は短時間労働者への厚生年金の適用が拡大しているためとしている。

　大幅減収となった人の国民年金保険料の全額、または一部を免除しやすくする特例で、21年度は約40万件が承認されたことも、日本年金機構への取材で分かった。

出典：2022年6月24日山陽新聞朝刊（共同通信配信）

1．調べてみましょう。

（1） 国民年金とは何かについて調べてみましょう。

（2） 厚生年金保険とは何か調べてみましょう。

（3） 国民年金の免除や猶予制度について調べてみましょう。

（4） 日本年金機構とは何か調べてみましょう。

2. この記事を読んだ感想をまとめてみましょう。

3. 解　説

（1） 公的年金と国民年金

公的年金の沿革は戦前の「恩給制度」までさかのぼることができます。しかし、現在の年金制度とは仕組みがかなり違い、財源も大部分は税金です（ただし恩給納金という国庫への納金があり本人負担もありました）。文官や軍人等の退職後、恩給が支給されました。恩給対象以外の雇員・傭人等には官業現業員の共済組合や陸海軍の共済組合がありました。船員に関しては1939（昭和14）年から「船員保険」がありましたが、陸上勤務の労働者に関しては、1941（昭和16）年に「労働者年金保険」ができ、これは1944（昭和19）年に「厚生年金保険」となりました。こうして被用者を対象とした制度ができましたが、現在の年金制度は戦後に体系化されました。例えば、恩給制度は、「国家公務員共済組合」「地方公務員共済組合」「公共企業体職員等共済組合」に再編されました。また、民間企業等を対象とした「厚生年金保険」「船員保険」「私立学校教職員共済組合（発足当時の名称）」「農林漁業団体職員共済組合」のほかに、自営業者等を対象とした「国民年金」が創設されたのです。現在は20歳から60歳までの原則すべての人が加入する「国民年金」（基礎年金）、企業や役所等に雇用されている人が加入する「厚生年金保険」があり、双方を「公的年金」と呼んでいます。なお、公的年金は賦課方式（厳密には、賦課方式に近い修正積立方式）をとっており、若年者が負担した保険料が現在の高齢者の年金になっています。このことを「世代間扶養」を呼んでいます。なお、船員保険については職務外の年金については1986（昭和61）年に厚生年金保険に統合されました。また、いろいろあった共済組合の年金（共済年金）も2015（平成27）年に厚生年金保険に統合され一元化されました。

国民年金については以下のようなものです。もともと、1961（昭和36）年に国民年金制度は施行されましたが、当時の年金は非被用者つまり自営業や農家、無職の人等が対象でした。今日の制度になったのは1985（昭和60）年の改正（翌年施行）で、このときに基礎年金として再編されました。対象は20歳から60歳までの人であり、職業は関係なく、すべての人が加入することになりました。ただし天皇・皇族は日本人ですが、社会保険制度は適用がありません。また1982（昭和57）年からは一定の在日外国人も国民年金が適用になっています。1985（昭和60）年の改正で専業主婦が強制加入となったことを「女性の年金権の確立」と呼んでいます。これまでは専業主婦は任意加入でした。

加入者は、第1号被保険者、第2号被保険者、第3号被保険者の3つの区分があります。第1号被保険者とは、非被用者つまり自営業や農家、学生等企業等に雇用されていない人です。第2号被保険者とは企業や役所等に雇用されている人です。第3号被保険者とは第2号被保険者に扶養されている配偶者です。国民年金保険料は、2022（令和4）年4月現在、1万6,590円です（これは現金翌月払いで、前納したり当月末振替を利用すると割引があります）。

なお、国民年金は「老齢基礎年金」「障害基礎年金」「遺族基礎年金」等から構成されています。国民年金の窓口は市区役所・町村役場・年金事務所、統括は日本年金機構が担当しています。

（2） 厚生年金保険について

企業や役所等に勤務している人が対象です。法人では1人以上、個人の事業所の場合は原則5人以上の従業員がいる場合は同年金に加入しなければなりません。この年金は、「報酬比例年金」と呼ばれ、給与や加入期間によって年金額が決定されるしくみです。

同年金は「老齢厚生年金」「障害厚生年金」「遺族厚生年金」等から構成されています。それぞれの年金額は「報酬比例年金」なので国民年金と違って、一律な年金額になっていません。厚生年金は、国民年金に上乗せして支給されます。

（3） 国民年金の免除、猶予制度について

国民年金は多段階免除制度があります。この制度は、本人の所得の多寡に応じて全額免除、4分の3免除、半額免除、4分の1免除が適用されます。しかし、免除された場合は後に保険料納付がない場合は免除額に応じて、年金額が減額されるしくみになっています。また、猶予制度があります。この制度は学生の場合は在学期間に保険料が猶予されます。加えて、50歳未満の人に限り、所得に応じて保険料が猶予されます。ただし、猶予された期間は免除ではないので、後に保険料の納付が必要となります。納付がない場合は、猶予期間の年金額は減額されるしくみです。なお、免除や猶予の場合市町村等に毎年手続きが必要となります。

（4） 日本年金機構とは

もともと、公的年金は厚生労働省の外局である「社会保険庁」、窓口は「社会保険事務所」が担っていました。2007（平成19）年に約5,000万件の年金が誰の年金かわからない「宙に浮いた年金問題」や政治家の年金未納等の不祥事が社会問題となり、「社会保険庁」「社会保険事務所」は2010（平成22）年に「日本年金機構」「年金事務所」と組織が再編されることになりました。これらの組織が公的年金の事務を所管しています。

（松井　圭三）

記　事

人生100年時代の歩き方

第1部「年金」5

受給繰り下げ 75歳まで

年金の受給開始時期は個人の希望で自由に選べる―。そう言うと「65歳からの受給が原則では」と反論がありそうです。

年金制度には、受給開始年齢を早める「繰り上げ受給」と、年齢を遅らせる「繰り下げ受給」という仕組みがあります。繰り上げは60歳まで、繰り下げは75歳まで可能ですから、実質的に「60～75歳の自由選択制」になっているといえます。

今回は繰り下げ受給について説明します。繰り下げられる年齢は、これまでは70歳まででしたが、4月から75歳までに延長されました。「高齢者も長く働いて制度の支え手に回ってほしい」と政府が考えていることが改正の背景にあります。

受給が遅くなる分、65歳で受け取り始めた場合に比べ、年金は1カ月ごとに0・7%増額されます。70歳まで5年繰り下げれば42%増、75歳まで10年繰り下げると84%増。増額は一生続きます。

なお、75歳まで繰り下げられるのは、改正施行後に70歳になる1952年4月2日以降生まれの人で、それより前に生まれた人はこれまで通り70歳までです。また、経過措置として60代前半の人が受け取っている特別支給の厚生年金は、繰り下げの対象外です。

原則の65歳に受給を始めた場合の受給総額と比べた「損益分岐点」は、受給開始が何歳何カ月であっても「11年11カ月」。繰り下げが70歳までなら、82歳手前まで長生きすれば原則の場合の総額を上回ります。75歳まで繰り下げるなら、87歳手前が分岐点です。

注意が必要なのは、年金収入が増えると税や社会保険料の負担も重くなる場合がある点です。年金が額面で増えても手取り額は同じ割合では増えません。また、医療や介護の自己負担が増える可能性もあります。

年金制度の家族手当ともいえる厚生年金の「加給年金」は、繰り下げ中に配偶者が65歳になると受け取れません。加給年金を受給したいなら、厚生年金（2階部分）は原則通り受け取り、基礎年金（1階部分）だけ繰り下げる方法もあります。（共同通信編集委員　内田泰）

＝次回は「繰り上げ受給」です。20日に掲載します。

出典：2022年6月6日山梨日日新聞朝刊（共同通信配信）

1．調べてみましょう。

（1） 繰り上げ、繰り下げ受給とは何か、調べてみましょう。

（2） 特別支給の厚生年金とは何か、調べてみましょう。

（3） 厚生年金の加給年金とは何か、調べてみましょう。

（4） 在職老齢年金とは何か、調べてみましょう。

2．この記事を読んだ感想をまとめてみましょう。

3. 解　説

（1） 繰り上げ、繰り下げ支給について

国民年金の老齢基礎年金や厚生年金の老齢厚生年金は原則65歳から支給されます。しかし、本人の都合により65歳よりも早く支給を受けることを繰り上げ受給と言います。逆に65歳以降支給を受けることを繰り下げ受給と言います。どちらの支給を受けるかは本人が選択できますが、一度選択してしまうとその後は変更できません。2020（令和2）年に年金制度の法律が改正され、これまでは70歳までの繰り上げが上限でしたが、2022（令和4）年より75歳まで繰り上げ可能年齢が延長されました。例えば繰り上げ受給において1962（昭和37）年以前に生まれた者で最大減額率は30%です。60歳受給の場合、1か月あたりの減額率は0.5%となっています。繰り下げ支給においては、75歳まで受給を遅らせると最大増額率は84%になります。1か月あたりの増額率は0.7%です。ただし、双方とも本人の生年月日により増減額率は異なることがあります。

（2） 特別支給の老齢厚生年金

1985（昭和60）年の法改正により、老齢基礎年金の受給権があり、厚生年金保険に1年以上加入していれば同年金が受給できるようになりました（年金一元化後は「1年」に旧共済年金の期間等も含みます）。この年金は1階は基礎年金にあたる定額部分、2階は報酬比例部分で構成されています。なお、定額部分の支給は2013（平成25）年度から、報酬比例部分は2025（令和7）年度から無くなり、2025（令和7）年度より老齢厚生年金、老齢基礎年金として65歳から支給が統一されます（ただし女性は5年遅れです）。

（3） 厚生年金保険の加給年金について

老齢厚生年金の加給年金の受給の要件は、本人の被保険者期間が20年以上必要です。ただし性別や職業によっていろいろな例外があります。障害厚生年金の場合は加入期間の要件はありませんが、そもそも厚生年金保険の加入期間中に障害の原因となったけがや病気の初診日があることが必要です（これについては制度の見直しも検討されています）。加給年金は特別支給の老齢厚生年金や老齢厚生年金あるいは障害厚生年金（1級または2級）を受給したとき支給される年金です。この年金を受給するためには年金事務所で手続きが必要です。老齢厚生年金では、扶養されている配偶者や子がいた場合に支給され、加給年金額は、配偶者は65歳未満が対象で年額22万3,800円、子は18歳に到達年度の末日まで（一定の障害のある子どもの場合は20歳未満）が対象です。加給年金額は1人目、2人目で年額22万3,800円、3人目以降は月額74,600円となっています。金額は2022（令和4）年4月時点のものです。障害厚生年金の場合は生計を維持されている65歳未満の配偶者に支給されます。同年金は家族の扶養を支援する制度であると言えます。

（4） 在職老齢年金について

在職老齢年金とは、本人が60歳以降に雇用継続や再雇用や再就職して厚生年金保険の被保険者である場合、受給している1か月の年金額と給与、賞与額等の合計を鑑みて、合計額が一定以上の金額を超過した場合、年金額の一部、もしくは全額が減額される制度を言います。これまでは、60歳以上65歳未満と65歳以上の場合では年金額と給与、賞与等の合計額が違い、減額す

るしくみも違っていました。しかし、2021（令和3）年の改正により、60歳以降、年金額と給与さらには直近1年間の賞与を12で割った等の合計が1か月47万円を超えた場合、在職老齢年金が適用され、年金額の一部もしくは全額が減額されることになりました。

（松井　圭三）

第14章　医療及び医療保険

記　事

がん見落とし防止報酬増

画像診断 院内連携促す

厚労省

厚生労働省は、ＣＴ検査など画像診断報告書の記載内容を見落とす事案が相次ぐ状況を受け、医療機関が報告書の管理体制を整備した場合、診療報酬を加算する仕組みを本年度からスタートさせた。がんなどの治療開始の遅れを防ぐため、院内で診療科と放射線科といった関係部門の連携を促す狙いがある。医療関係者からは「ミスや過誤を防ぐ対応に加算が認められるのは異例で画期的」との声が出ている。

画像診断結果の見落としは頻発しており、患者が死亡するなどの重大事案も起きている。２０１８年には千葉大病院が、患者９人のがんの所見を見落とすなどして、うち２人が死亡する事案があったと発表。19年にはさらに1人が亡くなっている。放射線診断の専門医が作成した画像診断報告書を診療科医が十分にチェックしなかった経緯などが発覚した。

医療事故情報を収集している「日本医療機能評価機構」（東京）によると、画像診断報告書自体は見たものの、その記載内容を見落とした事例の報告は、17年10月から20年9月に全国の医療機関から32件あったという。

厚労省は、今年４月の診療報酬改定で新たな加算要件を設定。①医療安全対策の研修を受けた臨床検査技師か放射線技師らを報告書の確認管理者として配置する②確認管理者と画像診断の担当医、病理診断の担当医、医療安全管理部門の医師らによる報告書確認対策チームを設置する－などの要件を満たせば、入院患者1人当たり70円を加算することになった。

「医療の質・安全学会」顧問を務める名古屋大病院患者安全推進部長の長尾能雅教授（53）は「医師個人への注意喚起だけでは解決が難しい問題。多職種が横断的に関わることで改善を図るシステムへの支援は合理的だ。施設の規模や実情に見合った実効性ある対策が広がる契機になる」と評価する。

その上で「医療事故防止の取り組みへの加算は意義がある。医療現場の意識も高まり、行政の指導も届きやすくなる」としている。

ズーム

診療報酬　患者が公的医療保険を使って医療サービスを受けた場合に、病院や薬局に支払われる公定価格。患者が1～3割を窓口で負担し、残りを保険料や税金で賄う。原則2年に1度、価格や条件を見直す。医師らの人件費に当たる「本体」と、薬や医療材料の価格である「薬価」で構成される。個別の単価は、厚生労働相の諮問機関である中央社会保険医療協議会の検討を経て決定。特定の治療の報酬を高くして医療機関の取り組みを推し進めるなど、国が目指す政策の方向に誘導する面もある。

出典：2022年7月20日山陽新聞朝刊（共同通信配信）

1．調べてみましょう。

（1）「診療報酬を加算する」とはどういう意味でしょうか。

（2）この記事にある「記載内容の見落とし」のような医療事故を防止する方法を考えてみましょう。

（3）「職員同士が連携」をすることでどのような利点があるでしょうか。

2. この記事を読んだ感想をまとめてみましょう。

3. 解　説

（1） 診療報酬と加算

診療報酬に関しては、記事の「ズーム」も読んでください。

診療報酬とは、保険医療機関及び保険薬局が保険医療サービスに対する対価として保険者から受け取る報酬のことです。

例えば、今まで健康だったのに転倒して足を怪我したとします。「足が痛い」という患者の訴えに対して初めて診察が行われると、初診という保健医療サービスが実施されたことになり、「初診料」という形で私たちは診療費を支払うことになります。

2022（令和4）年時点で、6歳以上の初診料は288点（ただし、施設基準の届出を行っている医療機関がオンラインで行った場合は251点、施設基準の届出を行っていない医療機関が電話やオンラインで行った場合は214点）と決められています。診療報酬は原則2年に1回改定（ただし薬価部分については2021（令和3）年度から毎年改定）されますので、2年経てばこの点数が変わる可能性があります。次回の改定は2024（令和6）年4月です。

初診時に医療機関が標榜している診療時間以外の時間、日曜日や祝日、夜10時以降の深夜であれば、時間外加算・深夜加算・休日加算や夜間早朝等加算という形で「加算」が発生し、初診料が高くなります。患者が6歳未満だった場合乳幼児加算が発生します。つまり、診療報酬で決められた年齢、受診時間等、要件を満たすことで加算として診療費も高くなります。

診療報酬の加算では、適切な診療記録の管理を行っている体制を評価する「診療録管理体制加算」、外来診療時の感染対策を評価する「外来感染対策向上加算」、医師の事務作業を補助する専従者を配置している体制を評価する「医師事務作業補助体制加算」といった多くの加算項目があります。

加算が発生することで、医療機関の収入が上がります。記事にあるように、医療事故防止の取り組みでの加算が設定されたら、医療事故防止に努めている医療機関が評価され、収入も増加することになります。

（2） 医療事故と医療安全

これまでの医療事故で、患者が亡くなる事例も発生しています。記事のようにチェックが不十分だったために起こった事故もあり、自分の目でしっかりチェックすることはとても大事です。

しかし、人は間違うこともあります。医療業界ではかつて「一人一人が注意すれば事故は起こらない」という考え方でしたが、1990年代後半に患者取り違えの医療事故が発生して社会問題となりました。2000年代以降では「事故は誰にでも起こる」という考え方になり、個人が注意することはもちろんのこと、組織として医療事故防止に取り組むことも重要視されるようになってきました。

診療報酬においても、組織的な医療安全対策を実施している保険医療機関を評価した「医療安全対策加算」という加算項目があります。

医療の場合、人の命にかかわるような内容や機密情報は複数の職員の目で確認し、ダブルチェックすることで事故を防止するように努めています。ダブルチェックすることにより、投薬や注射を誤って実施するといった失敗を防ぎ、患者に安全な医療を提供することに繋がります。

（3） 職員同士が連携

記事では関係部門の連携、多職種のかかわりについて書かれています。どの仕事でも言えることですが、報告・連絡・相談は社会人として必須です。医療業界では医師、看護師、薬剤師、診療放射線技師、臨床検査技師、医療事務といったさまざまな職種がありますが、同じ医療機関で働く職員として「職員同士が連携」をします。連携をすることで、職員間で情報共有がされ、診療が効率良く進み、医療事故の防止にも繋がります。

日頃から挨拶することはもちろんですが、職場の人たちと積極的にコミュニケーションをとることで仕事の話もしやすくなります。

また、同じ部署の上司や同僚と一緒に仕事をすることが基本的には多いので、同じ部署での良好な人間関係構築は当然大事ですが、他部署の職員との人間関係、横の繋がりも社会人として大切です。

（仁宮　崇）

記　事

かかりつけ医
制度化議論始動
コロナ踏まえ厚労省

　厚生労働省は20日、地域医療に関する有識者会議を開き、身近なかかりつけ医の制度化に向けた議論を始めた。新型コロナウイルス感染拡大の際に、一部の診療所などが患者を受け入れず、大病院に負担がかかった教訓を踏まえ、初期症状や軽症の患者への対応強化を狙う。

　政府は医療機関の役割分担を進めるほか医療費の膨張を抑えるため、かかりつけ医の必要性を掲げてきたものの、制度的な規定はないのが現状。厚労省は地域で求められる役割などの議論を進める。２０２４年度の診療報酬改定への反映も視野に入れる。

　厚労省の担当者は、この日の会議で、高齢化の進展により、かかりつけ医の役割の重要性が増していくと説明。有識者から、医療機関の連携を求める声や「どの医療機関がかかりつけ医を担うかを制度として明確にするべきだ」といった意見が出た。「専門医が多いため、総合的な診療や介護との連携を求めても非現実的ではないか」との指摘もあった。

出典：2022年7月21日山陽新聞朝刊（共同通信配信）

1．調べてみましょう。

（1）「かかりつけ医」とはどのような医師でしょうか。

（2） 患者が大病院ばかりに受診に行くとどのようなことが起こるでしょうか。

（3） 医療連携をすることでどのようなメリットがあるでしょうか。

2. この記事を読んだ感想をまとめてみましょう。

3. 解　説

（1） かかりつけ医

患者として受診するのみならず、自分の健康や病気について相談ができ、必要があれば専門の医療機関に紹介をしてくれる医師です。病気や怪我をしたらまず自宅から通える診療所や中小病院を受診することを国は推奨しています。大病院でなければできない高度な検査、手術が必要であることをかかりつけ医が判断すれば、大病院に「紹介」してもらい、症状が改善すれば大病院からかかりつけ医に「逆紹介」してもらい、引き続きかかりつけ医に診てもらう流れです。

住み慣れた地域で暮らしていくためにも、自分が暮らす地域でかかりつけ医を見つけることは重要です。

（2） 大病院受診の抑制

大病院志向という言葉があるように、大病院での受診を希望する患者は多くいます。なぜなら、大病院の方が高度な医療が受けられるからです。専門の医師が多い、検査機器がそろっている、手術も行えるという点では規模が大きい病院の方が人員・設備は充実しています。

しかし、軽度な風邪、損傷の大きくない怪我といった症状であっても患者が大病院を受診するようになると、大病院には外来患者が増え、その病院の医師の仕事も増大します。大病院では、大きな医療機関でないと治療できないような重症患者が受診し、入院しています。軽症患者の診察が増えると、大病院の医師が本来行わなければならない重症患者への医療行為に専念できないことになります。

また、医師の勤務時間の長さも社会問題となっており、医師の働き方改革も必要だと言われています。

（3） 医療連携

症状の軽い患者の大病院受診を抑制するため、紹介状（診察した患者を他の医療機関・医師に紹介するときに病名、治療経過、検査や投薬内容等の患者の状態を書いた文書で正式名称は診療情報提供書）を持たずに大病院を受診したら選定療養費として「特別の料金」を請求するよう国が定めています。

2022（令和4）年の診療報酬改定により、特定機能病院、一般病床200床以上の地域医療支援病院といった医療機関に紹介状なしで受診した場合、同年10月から、税込みで初診7,700円、再診3,300円「特別の料金」が発生します（なお、新たに一般病床200床以上の紹介受診重点医療機関も対象となりますが、これは2023（令和5）年3月頃公表される予定で、紹介受診重点医療機関になってから半年間の経過措置があります）。大病院受診は費用が高くなるため、患者は、最初は近くの医療機関を受診するようになると考えられています。

この近くの医療機関が（1）でも説明しました「かかりつけ医」である医師がいる医療機関のことです。大病院受診が必要であることをかかりつけ医が書いた紹介状（診療情報提供書）を持参して大病院を受診したら「特別の料金」は発生しないのです（紹介状発行の費用は発生しますが、紹介状なしの受診よりも出費は抑えられます）。

なお、医療機関が「特別の料金」を求めてはいけない場合もあります。例えば、意識がないといった救急患者です。重篤な症状で救急搬送された場合は選定療養費をもらわないことをホームページで公開している医療機関もあります。

世の中の医療機関は、大病院より診療所、中小病院の方が多いです。多い分、患者が行きやすいといえます。まず、患者は自宅から行きやすい診療所、中小病院を受診することで、近くの医師に自分の健康状態をよく知ってもらえますし、近くであれば症状のことで何か聞きたいことがあったときに相談しやすいです。

患者が普段の診察を地元の診療所や中小病院で受けることで、大病院は外来患者が減少します。医師の負担も減り、大病院でないと治療できない症状の患者の専門的な治療に専念しやすくなります。

地域の医療機関が連携し、各医療機関の役割を果たすことで、多様な症状の患者に応じた医療が行いやすくなります。

（仁宮　崇）

第15章　公的扶助

記事

昨年度の生活保護申請

コロナ禍影響か 2年連続の増加

2021年度の生活保護申請件数が速報値で22万9878件に上り、前年度から0・8％増えたことが1日、厚生労働省の集計で分かった。増加は2年連続。長引く新型コロナウイルス禍の影響とみられる。厚労省の担当者は「前年度から、それほど状況が変わっていないと考えられる。引き続き注視していきたい」と話している。

20年度は22万8102件（確定値）で、リーマン・ショック後の09年度以来、11年ぶりに増加していた。

この日、厚労省は、今年3月の生活保護申請件数も発表。1万9793件で、21年3月に比べて13・4％減った。減少は3カ月連続。

今年3月から生活保護を受け始めたのは1万7751世帯で前年同月と比べ12・7％減った。それ以前から受けている人を含む受給世帯数は164万2821世帯。受給者数は203万6045人だった。

出典：2022年6月2日上毛新聞朝刊（共同通信配信）

1. 調べてみましょう。

（1） 新型コロナウイルスとはどのようなものでしょうか。

（2） 新型コロナウイルス感染拡大における雇用と労働への影響はどうでしょうか。

（3）「生活困窮者自立支援制度」と「住居確保給付金」について調べてみましょう。

（4） 生活保護受給と今後の課題について調べてみましょう。

2. この記事を読んだ感想をまとめてみましょう。

3. 解　説

（1） 新型コロナウイルスとは

新型コロナウイルス感染症（COVID-19）とは、新型コロナウイルス（SARS-CoV-2）による感染症のことで2019（令和元）年12月に中国で初めて報告され、今もなお世界的な流行を見せている感染症です。日本では2021（令和3）年9月1日までに148万2,253人（国内人口の約1.2%）が新型コロナウイルス感染症にかかったと診断されています。

新型コロナウイルス感染症は感染から1～14日（平均約5日）の潜伏期間ののち、発熱、鼻水、喉の痛み、せきなどの呼吸器症状や、嗅覚異常や味覚異常といった症状が現れます。また、感染者の一部は肺炎が悪化して酸素投与や集中治療室での人工呼吸管理が必要になることがあり、特に、高齢者や基礎疾患などがある人、一部の妊娠後期の人で重症化のリスクが高いといわれています。日本では、全体の約1.6%が重症化し、約1.0%が死亡していると報告されています。

（2） 新型コロナウイルス感染拡大における雇用と労働

新型コロナウイルスが感染拡大したことにより緊急事態宣言やまん延防止等重点措置が出されました。この影響を受け飲食店などが時短営業をしたり、人びとの自粛生活によって企業の経済活動が停止したことにより、雇用情勢が悪化しました。産業間で月の労働時間を比べてみると、多くの仕事でコロナ前の水準に戻ることができましたが、サービス業（飲食業）などにおいては経済的な影響がいまだに続いています。近年、雇用の悪化によって生活保護の受給者が増えています。

また、労働においては日本では少子高齢化が以前からかなり進んでいて、工場や介護、清掃、警備などの現場ではロボットが増え、コンビニエンスストアやスーパーマーケットなどでもキャッシュレス決済が進んでいます。会議もテレワークによるオンライン会議を活用したりするなどICT化によって労働の省力化が加速し業務の効率化が図られています。

（3）「生活困窮者自立支援制度」と「住居確保給付金」について

「生活困窮者自立支援制度」とはお金がなくて国民としての最低限の生活ができなくなる可能性がある国民に対して支援を行う制度です。家賃相当の補助（住居確保給付金）、仕事を一緒に探す（就労支援）、就労体験（就労訓練事業者による）、金銭管理アドバイス（家計相談）、生活リズムを整える（就労準備支援）、子ども支援（子どもの学習支援事業）などがあります。

注意しなければならないのは、あくまで生活困窮者自立支援制度は基本的に現金給付ではなく自立に向けた支援を行うということです。

「住居確保給付金」とは（コロナウイルスの影響を含む）収入減少した人に対して家賃相当額が給付される制度のことで、国や自治体が家賃を負担してくれて、返済の義務が無い制度です。

しかし、「住居確保給付金」は条件が厳しく審査に時間が掛かることが課題です。その条件をまとめてみると以下のようになります。①主に世帯の生計を維持している人が離職や廃業後2年以内であること。個人の責任や都合によらず給与などを受ける機会が無職、廃業と同程度まで減少していること。②直近の世帯収入の合計が1か月当たり市町村民税の均等割が非課税となる額の12分の1と家賃の合計額を超えていないこと。③現在の世帯の預貯金の合計が各市町村で定めた金額を超えていないこと。④ハローワークへの求職申込みをして就職活動をしていることです。

現在は新型コロナウイルス感染拡大によって制度の適用条件が若干緩和されています。

（4） 生活保護受給と今後の課題について

生活保護の受給者は年齢、性別、学歴などから多くの不利益を経験している人が多いです。特に年齢を重ね学歴が高くない人ほど助けを求めることが困難な状況になっています。最近は高齢者世帯と障害者世帯、その他の世帯において生活保護受給世帯数が増えていますが、コロナ禍においては母子世帯の受給は減りつづけています。全体として、受給者数は減少していますが、受給世帯数は増加しています。そして年金だけでは生活できない高齢者の単身世帯が増えていて、新型コロナウイルスの影響により、生活がより苦しくなっています。

高齢者の生活保護受給者の受給率が高くなっている理由は５つあると考えられます。１つ目は年金だけでは生活が苦しいからです。２つ目は年金保険料を納めていなくて無年金であることです。３つ目は退職金がない・少ないことです。４つ目は病気など想定外の出費があることです。５つ目はローンが残っていることです。これらの問題が高齢者の生活保護受給が増えている要因です。

生活保護制度とは「最後のセーフティネット」として本来ハンディを持った人が受けるべきものですが、就労支援を行うことで稼働能力のある人が社会に復帰することができれば、より有意義な制度となるのではないかと考えられます。そして今後は社会の変化に応じて救うべき人を救う制度作りが大切ではないかと考えます。特に日本の社会では少子高齢化が進み、どの業種においても労働力を保つことが必要になります。経済的に困窮した稼働能力のある人を受け止めるセーフティネット機能に加え、雇用政策と連携・接続して元の社会へ復帰させる方策が重要です。そして若い人達が、非正規雇用ではなく正規雇用となることが増え、非正規雇用と正規雇用との格差が埋められていくことが求められています。

（神原　彰元）

記　事

生活保護申請5割増

4月　経済活動の停滞響く

岡山市への生活保護申請が急増している。4月の申請件数は前年同期比で5割近く増加した。新型コロナウイルスによる経済活動の停滞が影響しているとみられ、市は「緊急事態宣言は解除されたものの、影響が続いており、さらなる増加が懸念される」としている。

市生活保護・自立支援課によると、生活保護申請者は市内で最初の新型コロナ感染者が確認された3月以降、増え始めたという。3月は135件で前年比5・4%増。4月は134件と、前年の91件から47・2%も増加した。5月（速報値）は22日現在で60件となっている。

相談も増加しており、3月は9・2%増の248件、4月は16・7%増の258件だった。

特に自営業者からの申請、相談が目立ち「営業自粛で経営していた飲食店が倒産し、無収入になった」などと切実な相談が寄せられている。他にも「雇い止めされて収入がなくなった上、寮の退去を求められ住まいも失った」という非正規労働者や「親族の収入減で仕送りが途絶えた」と訴える高齢者もいるという。

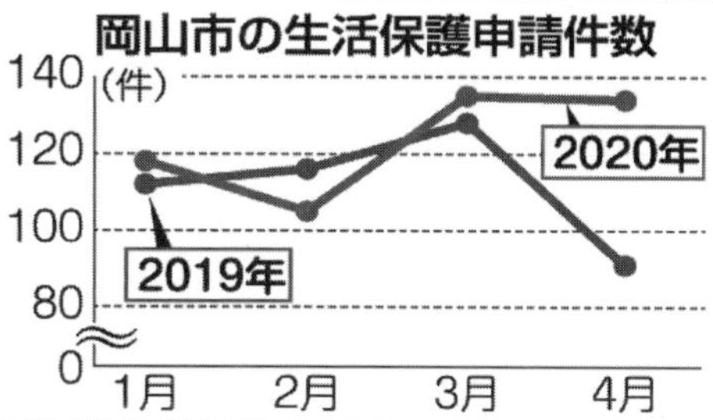

同課は「リーマン・ショックでは影響が2、3年も続いた。今回は世代を問わず申請、相談が寄せられており、影響の大きさをうかがわせる。生活保護だけでなく他の支援制度も活用してきめ細かく支援していきたい」と話す。

（洞井宏太）

出典：2020年5月26日山陽新聞朝刊

1．調べてみましょう。

（1） 生活保護法の沿革を調べてみましょう。

（2） 生活保護法の第１条から第４条にはどのようなことが書かれていますか。

（3） 生活保護法の４つの基本原理と４つの原則について調べてみましょう。

2. この記事を読んだ感想をまとめてみましょう。

3. 解　説

（1） 生活保護法の沿革について

「生活保護法」とは、「日本国憲法」第25条の規定を具体化するために定められている法律で、国が生活に困窮するすべての国民に対し、その困窮の程度に応じ必要な保護を行い、その最低限度の生活を保障するとともに、その自立を助長することを目的とする法律です。日本の公的扶助の歴史を見てみると1874（明治7）年の「恤救《じゅっきゅう》規則」から始まっています。「恤救規則」とは、①身体障害が重度の者、②70歳以上の高齢者、③重い病気の者、④13歳以下の児童であり、かつ親族など身よりがなく労働ができなく貧しい者を救済するための規則でした。

しかし、「恤救規則」では救済条件がとても厳しく、救済制度としてはあまり機能しなかったために、新たに1929（昭和4）年に「救護法」が制定されました。「救護法」では「生活扶助」「医療」「助産」「生業扶助」など現在の生活保護制度に近い内容が定められていました。第一次世界大戦が終わり、日本では戦後恐慌により、多くの失業者が生み出されました。失業者は仕事が無くなり困窮しました。そうした時代背景の中、職業の斡旋などは行われましたが、失業保険もなく、具体的な法の整備や制度の確立には至りませんでした。

さらにその後、日華事変を経て、第二次世界大戦がありました。わが国はポツダム宣言受諾によって敗戦国となり、マッカーサー元帥率いるGHQによる占領が始まりました。1945（昭和20）年には「生活困窮者緊急生活援護要綱」が閣議決定されました。「生活困窮者緊急生活援護要綱」とは、戦災者や失業者、その家族を含む生活困窮者への救済を計画的に行うために閣議決定された要綱です。そして1946（昭和21）年には旧「生活保護法」が制定されました。このときの保護の種類は「生活扶助」「医療」「助産」「生業扶助」「葬祭扶助」でした。この旧「生活保護法」について1949（昭和24）年に社会保障制度審議会は「生活保護制度の改善強化に関する件」を政府に提出しました。その内容は、①国の保障する最低生活は健康で文化的な生活を営ませる程度のものであること、②生活困窮者の保護請求権の明示及び不服申し立てを法的に保障すること、③保護の欠格条項の明確化でした。

そして1950（昭和25）年に新たに「教育扶助」「住宅扶助」を加えた現在の「生活保護法」が制定されました。

（2） 生活保護法第1条から第4条について

「生活保護法」第1条ではこの法律の目的が定められています。「日本国憲法第25条に規定する理念に基き、国が生活に困窮するすべての国民に対し、その困窮の程度に応じ、必要な保護を行い、その最低限度の生活を保障するとともに、その自立を助長することを目的とする」というものです。必要な保護の実施は国の責任です。第2条では「すべて国民は、この法律の定める要件を満たす限り、この法律による保護（略）を、無差別平等に受けることができる」、第3条は「この法律により保障される最低限度の生活は、健康で文化的な生活水準を維持することができるものでなければならない」とされています。第4条第1項は「保護は、生活に困窮する者が、その利用し得る資産、能力その他あらゆるものを、その最低限度の生活の維持のために活用することを要件として行われる」とされ、土地・家屋などの資産の活用、労働能力の活用、「その他あらゆるもの」を活用することが、保護の要件として求められています。さらに、第4条第2項では「民法（略）に定める扶養義務者の扶養及び他の法律に定める扶助は、すべてこの法律による保護に優先して行われるものとする」ことを定めています。第4条第3項では、急迫した状況の場合には、調査確認はひとまずおいて、とりあえず保護することとしています。

（3） 生活保護法の４つの基本原理・４つの原則について

生活保護には原理と原則があります。4つの原理とは次のようなものです。①「国家責任による原理」とは、法の目的を定めた基本的原理で「日本国憲法」第25条の生存権を実現するため国がその責任を持ち生活に困窮する国民の保護を行うことです。②「無差別平等の原理」とは、すべての国民はこの法に定める要件を満たす限り生活困窮に陥った理由や社会的身分にかかわらず無差別平等に保護を受給できることです。また、現時点での経済的状態に着目して保護が実施されます。③「最低生活の原理」とは、法で保障する最低生活水準について健康で文化的な最低限度の生活を維持できるものを保障することです。④「保護の補足性の原理」とは、保護を受ける側すなわち国民に要請される原理で、各自が持てる能力や資産、他法や他施策といったあらゆるものを活用して最善の努力をしてもその生活を維持できない場合に初めて生活保護制度を活用できることです。

4つの原則とは次のものです。①「申請保護の原則」とは、保護を受けるためには原則として本人や扶養義務者、親族などによる申請の手続きに基づいて保護が開始されることです。ただし、行き倒れ等の場合は別です。②「基準及び程度の原則」とは、保護は最低限度の生活基準を超えない枠で行われ厚生労働大臣の定める保護基準により測定した要保護者の需要を基としてその不足分を補う程度の保護が行われることです。③「必要即応の原則」とは、要保護者の年齢や性別、健康状態などその個人または世帯の実際の必要の相違を考慮して有効かつ適正に行われることです。④「世帯単位の原則」とは、世帯を単位として保護の要否及び程度が求められることです。しかし、特別な事情がある場合は世帯分離を行うこともできます。

（神原　彰元）

執筆者紹介
（執筆順）

太田　隆之　（おおた　たかし）　第1章
現　　職：山陽新聞社読者局長
日本新聞協会 NIE 委員会委員

名定　慎也　（なさだ　しんや）　第2章
現　　職：神戸女子大学 健康福祉学部 社会福祉学科 准教授

小出　享一　（こいで　きょういち）　第3章
現　　職：居住支援法人株式会社居場所

今井　慶宗　（いまい　よしむね）　第4章
現　　職：関西女子短期大学 保育学科 准教授

小倉　　毅　（おぐら　たけし）　第5章
現　　職：兵庫大学 生涯福祉学部 社会福祉学科 教授

藤田　　了　（ふじた　りょう）　第6章
現　　職：大阪国際大学 人間科学部 人間健康科学科 准教授

伊藤　秀樹　（いとう　ひでき）　第7章
現　　職：兵庫大学 生涯福祉学部 社会福祉学科 教授

竹内　公昭　（たけうち　きみあき）　第8章・第9章
現　　職：特定非営利活動法人びぃあらいぶ 理事長

齊藤　佳子　（さいとう　よしこ）　第10章
現　　職：中国学園大学 子ども学部 子ども学科 准教授

中　　典子　（なか　のりこ）　第11章
現　　職：中国学園大学 子ども学部 子ども学科 教授

藤原　　亮　（ふじわら　りょう）　第12章
現　　職：岡山市男女共同参画社会推進センター　さんかく岡山 館長

松井　圭三　（まつい　けいぞう）　第13章
現　　職：中国短期大学 総合生活学科 教授

仁宮　　崇　（にのみや　そう）　第14章
現　　職：中国短期大学 総合生活学科 准教授

神原　彰元　（かんばら　しょうげん）　第15章
現　　職：慈愛幼稚園副園長
水嶋寺副住職

■編著者紹介

松井　圭三（まつい　けいぞう）

現職　中国短期大学総合生活学科・生活福祉コース教授
中国学園大学・中国短期大学図書館長（中国学園）
岡山大学医学部非常勤講師

主著
『21世紀の社会福祉政策論文集』（単著）ふくろう出版　2009年
『家庭支援論』（編著）大学教育出版　2012年
『社会保障論』（共編著）大学図書出版　2014年
『NIE社会的養護Ⅰ・Ⅱ演習』（共編著）大学教育出版　2021年
『子ども家庭福祉』（共編著）大学教育出版　2022年

今井　慶宗（いまい　よしむね）

現職　関西女子短期大学保育学科 准教授

主著
『保育実践と児童家庭福祉論』（共編著）勁草書房　2017年
『社会福祉の形成と展開』（共編著）勁草書房　2019年
『現代の保育と社会的養護Ⅰ』（共編著）勁草書房　2020年
『保育と子ども家庭支援論』（共編著）勁草書房　2020年

NIE社会福祉演習

2023年4月10日　初版第1刷発行

■編 著 者――松井圭三・今井慶宗
■発 行 者――佐藤　守
■発 行 所――株式会社 大学教育出版
〒700-0953　岡山市南区西市855-4
電話（086）244-1268　FAX（086）246-0294
■印刷製本――モリモト印刷㈱

ISBN978－4－86692－247－8